耕耘

写给平凡的教师岁月

牟作林　著

敦煌文艺出版社

图书在版编目（ＣＩＰ）数据

耕耘 ：写给平凡的教师岁月 / 牟作林著. -- 兰州 ：敦煌文艺出版社，2022.3
ISBN 978-7-5468-2148-1

Ⅰ．①耕… Ⅱ．①牟… Ⅲ．①教育研究－文集 Ⅳ.①G40-03

中国版本图书馆CIP数据核字（2021）第273178号

耕耘：写给平凡的教师岁月
牟作林 著

责任编辑：侯君莉
装帧设计：郝 旭 李关栋

敦煌文艺出版社出版、发行
地址：（730030)曹家巷1号新闻出版大厦
邮箱：dunhuangwenyi1958@163.com
0931-2131552(编辑部)
0931-8773112 0931-8120135(发行部)

三河市金兆印刷装订有限公司印刷
开本 880 毫米×1230 毫米 1/32 印张 7 插页 2 字数 170 千
2023 年 1 月第 1 版 2023 年 1 月第 1 次印刷

ISBN 978-7-5468-2148-1
定价：48.00 元

序一：信仰的力量

2019 年 3 月 18 日，习近平总书记在全国思政课教师座谈会上指出"要让有信仰的人来讲信仰"，这是总书记对新时代教师提出的新要求。兰州市西固区玉门街小学牟作林校长就是这样一位对教育有信仰的人。

相识以来，常常关注着牟作林校长的动态，或朋友圈，或熟人口中。我交朋友的基本原则是，不仅要看他怎么说，还要看他怎么做，尤其作为校长，我更看中的是他能否践行知行合一。长久以来，我一直认为，所谓校长就是学校的领导者、教育理念的实施者、教育规律的探索者，他组织学校教育教学活动，他打造并引领学校文化。故，一名校长就要具有掌控全局的领导能力，要具有掌握先进独特的教育思想之思维能力，还要具有教育研究能力和健全的人格魅力，更要具有高远的信仰，只有这样才能担负起历史发展的重任，才能满足时代发展的要求，才能办出人民满意的教育。

有信仰的人是勤奋的。在本书的六大章节里，我们看到的是一位不知疲倦、披星戴月的耕耘者形象。作者爬上 2000 年古城的墙头，凝视西固文化的历史，追寻西固教育的发展历程，他沿着历史台阶一步一回头，紧抠砖瓦泥土，在岁月的地缝里，一寸一寸爬梳西固教育脉系。他从清咸丰元年（1851年）刘万儒捐资办学创办"古城义学"到清光绪七年（1881年）西固城设立"允吾义学"，从清光绪七年（1881年）西固城在隍庙设立私塾到民国二十六年（1937年）马耳山土主庙设立私塾，寻觅到了教育启智开明的火种。接着，他又从民国到中华人民共和国成立，从中华人民共和国成立到改革开放再到新时代，一路上沿着西固教育这条主线，他兴致勃勃地迈向教育的春天。他终于寻到了，寻到了蓬勃发展的教育历史根系上长出的西固教育精神！这是溯源西固教育人精神的主旨和灵魂，一代代西固教育人正是在西固教育精神的烛照下，哺育了西固文化、传承了西固历史。这正是本书的时代价值和历史意义之所在。利用业余时间完成这一宏大考证、追述任务的人，一定是一个对教育有大情怀、大爱、大信仰的人，这种信仰必然建立在勤奋之上。可想而知，牟作林校长经年累月，秉烛熬夜、伏案创作，是何等的艰辛与劳神。这样的勤奋和敬业，正是西固教育精神的体现。

有信仰的人是笃定的。教育是需要安安静静、俯下身子来认真膜拜的事业。过去人们做学问，讲究的是要有"甘坐十年冷板凳"的硬功夫，这是很有道理的。试想一下，自己的学问都做不好，拿什么来教学生？作为一个对教育有信仰的人，牟校长必然也是一个笃定的人。他在"教育心声"中，吐露了这种笃定的心声；在"教育专访"中，认知了这种笃定的玉律；在"教研随笔"中，付诸实践了这种笃定的行动。牟作林校长践行的是知行合一，他让信仰在笃定中绽放鲜艳的花朵，结出美丽的硕果。

有信仰的人是忠诚的。信仰是前行的灯塔，是寒夜的火把。多少仁人志士为了探求真理，为了追寻人类的幸福，在历经百折不挠、艰苦卓绝后，依然忠诚信仰，用信仰做支撑，在苦难中绽放着人性的光辉，这光辉就是中国共产党人的精神谱系，就是中华文化、中国精神的生动彰显。对教育有信仰就是对教育要忠诚。"要忠诚于党的教育事业"，这是毛泽东主席对教师的要求。校长首先是一位教师，然后才是一位校长，如果做不了一名好教师，何以成为一名好校长？通读本书所有文字，处处体现了一名教师、一名校长对教育事业的忠诚和热爱，他的忠诚体现在将党的教育方针认真贯彻于教育的各个环节，他紧抓教材、教师、教学的每一个环节，不折不扣执行政策。尤其在品德教育课和课后服务课，他全面落实总书记的讲话精神，加强自身建设，努力戒掉口号式、教条式的思维积弊，不断练好内功，使学校品德课呈现出强大的生命力和话语权，使学生听得进、听得懂，达到了育人目的。牟作林校长把对教育的信仰完全融入了对教育的忠诚和热爱之中，他的许多做法，不仅有特色，也有其他同类学校可复制、可借鉴之处。

好校长成就一所好学校，许多好校长就可以构成教育的良性生态。但好校长是怎么来的？读牟作林校长这本新书，可窥一斑。内心有光，灵魂有香。我想，这就是一个有信仰的人最重要的精神标识。做一个有信仰的人吧，朋友！去相信美好、相信善意，也相信自己的能力，相信努力的意义。这些美好，你越相信就越接近成功！

牟作林校长邀请作序，才使得我有机会遍读其文。先生于繁杂公务之余，能有诸多记述，实属不易！崇敬之情油然而生，由是顿发上述感慨，以共勉。

是为序。

何兼

2022 年 3 月

序二：白纸黑字才是人生真实的写照

毋庸置疑！聪明的祖辈总会有留驻想象和事实的方式：从结绳记事到造纸术、印刷术到现在的记事本（网上记录）。人的一生也就是在白纸黑字上不停地演算、记录，甚至成为一种记忆符号。

鸟儿在树上叫，鸟儿在说什么呢？鸟的语言，你不懂，我更不懂，只觉得它叫得好听就是了，做一个倾听者远比一个记录者容易多了。或许，白纸黑字总会留下瞬间的思维抑或想象，甚至是万事万物生命的踪迹。

心中有目标，脚下有方向，一个人要有一颗率真而旷达的心，从而做一个认真的人，一个有趣的人，一个自在的人。世上哪里仅是单纯的好事或者坏事。好了，可以把做好事当作治病的良方，对待仇人应视为他是来督促自己成功的监工，对待朋友视他像家人。牟作林先生是一位灵魂的工程师，是太阳底下最光辉的人！我一直很钦佩老师，曾经梦想过成为一名优秀的老师。师者，传道授业解惑。

时间，沉淀最真的情感；风雨，当作最暖的陪伴。牟作林先生的作品《耕耘——写给平凡的教师岁月》，我是断断续续看完的。与其说是他的心路历程，不如说是他的心血凝就。有心声，有随记，读史寻踪，文字深入浅出，言简意赅，字里行间有他的勤思善悟，文字的力量是无穷的。

岁月，是用时光来计算的，而我们却用梦想支撑生活。生命的计量，在于长度、宽度，还是深度与温度呢？唯有不断创造，才能拥有自享的幸福。人生悲欢离合，长路漫漫，吃三餐，度四季，日月更迭，光阴的河淹没了许多梦想，却冲不走埋藏在生命里的那颗种子。慢慢地，终会明白，只要努力过了，总会有意想不到的收获。生活从来不是非黑即白的选择，还有绚丽的彩虹，要学会与遗憾握手言和。

文字为隐秘的情感赋形。风信子带来一片寂静，等候着春风吹暖每一寸土地，接近和深入是不同的希冀，总会留有阳光的记忆。白昼渐隐，黑夜愈浓。叶子抚摸着叶子，一片片坠入泥土，化作馨香。牟作林的文字不是简单的梳理，而是追忆，甚至说是一种顿悟。他想留存，他更想成为记忆。

生活并非只有一种模式，我们所祈望的远远不是占有，而是更多的爱。开阔丰饶的想象，尽可以从容徜徉，不必担心迷失。如果有一天，宁愿抛弃尘世的喧嚣，那将是久远的怀抱。老师的秉性让他赋予文字内涵，还有升腾。

常有人抱怨现在好看的文章不多，原因之一就是只会用单一法。比如，论说文当然是以理为主，但不少文章也仅止于说理，而且还大多是车轱辘话，成了空洞说教。十八般兵器你只会勉强使用一种，对阵时怎能不捉襟见肘，气喘吁吁。不要说你想俘虏读者，读者轻轻吹一口气，就把这样的小文吹到纸篓里去了。形、事为实，情、理为虚，真正的文字要讲究虚实互借。这样，文字才可以免其浅，说理可以避其僵。高手运笔腾挪自如，奇招迭出，文章也就忽如霹雳闪电，忽如桃花流水。牟作林的行文不渲染章法，更多的是融化于字里行间的情感和张力，流淌在文章的筋骨和肌层里。

心若改变，态度就跟着改变；态度改变，人生就跟着改变。不生气，不计较，不抱怨，是生活快乐永恒不变的心灵法则，是圆融社交、职场生存最简单平凡的成功利器。学会制怒，能够容人，才能在顺境中安享清福，在逆境中心存喜乐，牟作林就是这样的人——教书育人，著书立说。星光不问赶路人，时光不负有心人。作为老师的牟作林，不仅仅是智慧的集聚者，更多的是明德修身，如此人生就提升了一个高度，就到达了一种境界。用心耕耘，记录着平凡教师岁月不平凡的点滴，在阳光下幻化成雨露滋润心田。

阳光下的书写是真实有力的，让灵魂晒出向上的力量，向阳而生，自然有为。真正能够书写人生路上坎坷起伏、平仄有韵的永远是力争上游的人。阳光不会缄默，将会为苍白的心灵点燃希望的火花。未事而知来，始事而知终，定事而知变，这样的人生可谓万马奔腾。生活会报答认真的人，文字会记录真实的轨迹，濯洗心灵，书写真诚的微笑。

白纸上留下的痕迹，或许是一日瞬间的记忆，或许是一生的等待，或许是一行脚印，或许是一句无法解密的心语。只要有黑字的存在，犹如大雁飞过天空，小溪涓涓成流。这是无法改变的心路或是记载。以史鉴心，珍贵弥坚，以字为循，珍存真心，以纸为忆，珍藏的或许是一个个已知的过去或未知的心事。每个人在白纸上书写的不仅仅是记事、记忆、记录，更多的是人生的每个过往、段落甚至是决定命运的档案。字或草或正，或美或丑，字迹或浅显或深印，只要白纸黑字，都是见证，都是一种无法改变的存在。牟作林一直在延续着自己的梦想，把文字凝成记忆。

作家在写作时，不仅仅是一个书写者或记录者，还应当是一个将灵魂安放静谧万籁的人。唯洞悉生活的情理，才能彰显文字的力量，善良写作，将心交给读者，唯其如此，文字方有灵性、韧性和柔性。在生活中寻味细微，感悟深思。凝成一段又一段锦，织出美丽的彩虹。写出弦外之音，言外之意，写出了情趣和哲理，更写出了自己不懂的那部分，反而读起来让人倍觉温馨，这或许与一个人的生活沉淀有关，因为心是安静的。悬置人性，将这个根本问题不断从眼前移开，会带来一种奇妙的轻松与自由之感。解构以往文学中的诸多弊端，也有其合理性。但这显然不够，王小波式的喜剧既深刻又充满高度的艺术性，但真正标识民族文学高度的，只能是但丁式的作家，不可能是卡尔维诺式的作家；只能是雨果式的作家，不可能是拉伯雷式的作家；只能是托尔斯泰式的作家，不可能是布尔加科夫式的作家。严肃、深邃的人性世界，终究要被直视，被正面讲述。尤其是在甚嚣尘上的时代，深谙这一点的牟作林，只懂得用朴实的文字来表达自己的心声。

岁月静好，阳光依旧。生活的理想就是理想的生活，怀着一份美好，散去一份忧伤，心存着对美好生活品质的追求，恪守着对生活美好的坚定信念，微笑着面对生活，不惧艰险，或许才是真正可贵的。红尘喧嚣，静心读书和写作是一种安然的生活态度。天涯太远，凝神思考，是一份心灵的交集。静谧的时光中，牟作林将工作和生活中的温暖——收藏，婉约成墨香的文字，待得经年以后，再次读起依旧温暖如初。写时痛快淋漓，写后思绪万千。牟作林的文字不愠不火，留存的只是一种温度和向度，恰似他的职业润物无声，抵达心灵。

白纸黑字，文字或许会成为一种记忆，只有这样的人生才是真实的。去拥抱生活就好了，愿所有的文字和美好都恰逢其时！

是为序！

壬寅年春月于黄河之滨

生活随记

教育专访

读史寻踪

古城国民小学发展概说

　　西固城是座有两千余年历史的古城，曾有"先有西固城，后有兰州城"之说。西固古为羌戎之地，秦属陇西郡，西汉昭帝始元六年（公元前81年），置金城县，属金城郡。西晋建兴二年（314年），由苑川（今榆中县）移金城郡治于此，仍领金城县。北魏后废金城县。隋唐先后属子城、五泉等县。五代为吐蕃之辖地。北宋元丰五年（1082年），为防御西夏，在此筑西关堡，隶属兰州。元灭金后，西关堡废弃，地遂属巩昌府（今陇西县）。明弘治十二年（1499年）兰州守备梁暄请准重修城堡，并命名为西古城，意为兰州西部古城之意。清同治二年（1863年），古城乡绅廖登选，为民众避乱计，乃倡导捐资重修颓废已久之古城。城墙加高为三丈，掩护巡守之雉堞（垛口）加高到六尺，成为易守难攻坚固之城，故乡民遂改西古城为西固城。城内有三街十八巷，建有鼓楼和城隍庙。每年农历正月十五，乡邻社火队进西固城拜神、欢聚，场面热闹。

　　清末民初，古城部分热衷教育的地方人士募资兴学，利用庙宇、家祠创办义学、私塾，为家境贫寒的学子提供了就学机会，对于普及民间教育起到了一定作用。主要是从事小学教育，又称蒙学教育，故从事这类教学的先生又称蒙师。多聘请乡间闲居的文人，如秀才、贡生等为师资，教家乡子弟念书识字。清咸丰元年（1851年）刘万儒捐资办学创办古城义学，清光绪七年（1881年）西固城设立允吾义学，学址在古城西门内（即今西固区中医院家属院）。后期学生二三十人，老师为八师傅（廖姓，古城人），其后为孔师傅（甘肃省永靖县半个川人）。马耳山也曾设义学，学址在徐家家庙。义学学生少则十余人，多则三四十人。之后，西固城、钟家河、柴家台、杏胡台、光月山、马耳山、孙家堡、张家大坪等村相继创办了私塾。清光绪七年（1881年）西固城在隍庙设立私塾。钟家河私塾最初设于许家花园"晚盖楼"，原有园主许尔炽执教。民国十四年（1925年）由其子许厚庵继教。许厚庵善书大字，钟家河鼓楼"至刚至大"巨匾即其所书。许氏家门有"修职郎第"竖匾，钟家河鼓楼南钟家家庙于民国二十四年（1935年）也设立私塾，塾师钟玉厚（其家门悬挂"耕读传家"匾）。光月山于民国二十四年（1935年）在天王庙、菩萨庙设私塾，学生三五人，由道人任塾师。马耳山于民国二十六年（1937年）在土主庙设立私塾，学生六七人，塾师吴沈延。孙家堡于20世纪30年代在孙家家祠设立私塾，民国二十八年（1939年）塾师瞿洪斋（瞿家营五姓庄人），给学生讲授《四书》。张家大坪于民国三十八年（1949年）夏天创立私塾。私塾学生少则三五人，多则二三十人。

私塾、义学一般均于门外悬挂匾额，中供至圣先师孔子牌位，旁挂义学规则木榜。公推首士一人（一般由捐资人充任），管理义学资产，监督义学事宜。教育内容主要是识字写字、读文、学算等，并兼有伦理教化的功能，常用的课本有《三字经》《百家姓》《千字文》

《千家诗》《四书》《五经》《昔时贤文》等。学童读书到十四五岁时，加授农家事务知识，对个别成绩突出的学童，再由首士就近送入经馆或书院深造。这类学堂除了少数由官僚、地主、商人等富贵人家开设的以外，大多都十分简陋，没有专门的教舍，先生束脩微薄，多以缴纳粮食作为报酬，仅能糊口，就学子弟也多出自贫苦人家，大多只求粗识文字而已。

随着社会发展，一部分私塾逐步转为国民小学，由地方人士组成校董会治校。1949年以前，西固城、钟家河、杏胡台、柴家台等村都设有国民小学。西固城于民国二十二年（1933年）在"隍庙"设立国民初级小学，学生70人，20世纪40年代初发展为西固城中心小学，由热心地方教育的倪廷桂等人组成校董会治校。1949年校长为梁生泮，有教员3人：高举科、鲜自新、谢希安。共六个年级（内有女生二三人），学制为"四二制"，1949年后改为西固一校。另外，皋兰县西固乡钟家河初级短期小学是抗日战争爆发后（1938年至1939年之间），由热心地方教育的钟鼎丞等人将私塾改成小学，有四个年级，学生百余人，校长先为刘兴中，后为钟鼎丞。民国三十二年（1943年）改为国民初级小学。

国民小学采用中华书局、商务印书馆新编课本教材，学习新知识。一至四年级开设国语、算数、常识、音乐、体育、美术等课程。五六年级开设国语、算数、地理、历史、自然、公民、修身、音乐、体育、美术等课程。各村学生上完初级小学，就到附近的中心小学上学，如杏胡台学生上完初级小学后，就到陈官营中心小学上学。1949以前在私塾、国民小学任过教的西固城王锡福、柴家台柴寿峰等人，1949 以后仍继续留用任教。据史料记载，寺儿沟孙家门上曾挂有"耕读传家"巨匾，门第显赫，遗风犹存。廖家历史上出文人，古城几家廖家门上也悬挂过"文魁"匾额（文魁即举人）。王家素有"一门三进士"说法，王化行，乾隆十六年辛未年（1751 年）科武进士，曾任江南庐州营都司；王化凤，嘉庆元年丙辰（1796 年）科武进士；王化成，乾隆二十五年庚辰（1760 年）恩科武举人，曾任甘肃提标千总。

古城教育步履蹒跚，一路艰辛创业，历史的车轮滚滚向前，许多记忆注定离我们远去，那些推动古城教育历史向前发展的先行者，也必将激励后来者不断奋进，谱写出辉煌的新篇章。

参考资料：

1.刘光华. 甘肃通史·中华民国卷. 兰州：甘肃人民出版社，2009

2.兰州市地方志编纂委员会. 兰州市志·人物志.兰州：兰州大学出版社，2013

3.兰州市西固区地方志编纂委员会. 西固乡志，1990

附：

表一　　明清时期西固进士、举人、贡生名录

进士	孙懋	明成化元年（1465 年）
	柴朴	清光绪十八年（1892 年）
	王世相	清光绪二十四年（1898 年）
武进士	王化行	清乾隆十六年（1751 年）
	王化凤	清嘉庆元年（1796 年）
举人	孙箎	明弘治五年（1492 年）
	牟洪	明嘉庆六年（1801 年）
	王式金	道光元年（1821 年）
	刘四达	清道光八年（1828 年）
	张维典	道光十四年（1834 年）
	卢政	清咸丰二年（1852 年）
	孙国栋	清同治十二年（1873 年）
	廖士杰	清光绪元年（1875 年）
	牟文蔚	清光绪二年（1876 年）
武举人	王茂	清乾隆二十四年（1759 年）
	王化成	清乾隆二十五年（1760 年）
	王万龄	清乾隆三十六年（1771 年）
	王万春	清嘉庆六年（1801 年）
	王万邦	清嘉庆十八年（1813 年）
	王万选	清嘉庆二十三年（1818 年）
	王润	清道光元年（1821 年）
	王源	清道光二年（1822 年）
	王万金	清道光十五年（1835 年）

　　　——写给平凡的教师岁月

续表一

贡 生	廖元吉	清乾隆十年（1745 年）
	廖元亨	清乾隆十年（1745 年）
	牟秉直	清乾隆十年（1745 年）
	牟实顺	清乾隆十八年（1753 年）
	牟实秀	清乾隆三十年（1765 年）
	牟实有	清乾隆三十三年（1768 年）
	牟实大	清乾隆三十三年（1768 年）
	牟一士	清乾隆四十二年（1777 年）
	陈兆鹏	清嘉庆六年（1801 年）
	王化沦	清道光十五年（1835 年）
	许尔炽	清光绪二年（1876 年）
	张克昌	清光绪五年（1879 年）
	张玉麟	清光绪六年（1880 年）
	刘赞勋	清宣统三年（1911 年）

表二　　　明清时期西固义学概况表

序号	名称	创办年代	地址	倡建人	规模
1	允吾义学	清咸丰元年 （1851 年）	西古城	刘万儒	学生 30 人至 50 人
2	桐柏义学	清咸丰三年 （1853 年）	西柳沟	陈廷桂、杨 怀荣等	不详
3	河口义学	清光绪三年 （1878 年）	河口 大佛寺	不详	学田 12 亩， 学生 30 多人
4	三门义学	清光绪三年 （1878 年）	河口鼓楼	不详	学田 6 亩
5	古城义学	清光绪五年 （1879 年）	张家河口	不详	不详
6	岔路义学	清光绪三十二年 （1906）	岔路 华佗庙	不详	学田 5 亩

1949 年后西固乡教育发展概述

　　1949 年 8 月 26 日兰州解放，9 月开始乡政权建设。同月，西固乡人民政府、钟家河乡人民政府成立；11 月桃园乡人民政府成立，隶属皋兰县西固区公署。1952 年 11 月，经中央人民政府政务院批准，将皋兰县西固区的西固、柳泉、柳荫、桃园、钟家河、瞿家营、陈官营共 7 个乡和范坪、光月山两个乡的部分地区划归兰州市管辖。1953 年调整区划时，将原皋兰县光月山乡划归西固乡。1953 年西固划归兰州市后在西固建立了兰州市第五区，并将各乡人民政府改以数序称谓：西固乡为第一乡乡公所，桃园为第三乡乡公所，钟家河为第四乡乡公所。

　　西固乡 1949 年初期的教育工作，主要对原有西固城、钟家河、杏胡台等小学进行了社会主义改造。对无小学的山台区光月山、马耳山和川区寺底下、管家园子等村设立了小学，使农民子弟有学可上，普及了小学教育，认真贯彻执行了党的教育方针，普遍实行了六年制教育，小学教育发展迅速，成效显著。

　　1952 年 9 月对小学进行了普查，11 月成立了冬学委员会，廖明昌任主任，刘乃安任副主任。全乡有：北街、中街、南街、孙家庄窠、寺底下、孙家堡 6 个村，每村设两名冬学委员，共推选出 9 名

　——写给平凡的教师岁月

义务教员，组织农民学文化。并成立了扫盲委员会，王连义任主任，王福全、王占兆任副主任，委员 11 人，负责领导全乡扫盲工作，至 1959 年青壮年基本扫除了文盲。

1962 年 1 月，西固人民公社贯彻党的两种教育制度，教育为无产阶级政治服务的教育方针，普及小学教育，办 9 所半农半读小学，入学儿童 237 人。并开展了群众性的业余教育，办扫盲班，入学农民 210 人。

1965 年西固人民公社设教育专干 1 人，由王平福同志负责教育工作。20 世纪 60 年代末 70 年代初，杏胡台、光月山、张家大坪等小学相继设立了初中班。"文化大革命"中，学校受到严重干扰，教学秩序陷入混乱局面：学制缩短，各大队小学实行五年制教育，设有初中班的小学则实行七年一贯制，课程合并为 5 门，削弱了小学基础教育，导致教学质量严重下降。

1969 年 8 月，西固人民公社共有小学 8 所：西固一校、光月山小学、马耳山小学、杏胡台小学、桃园小学、张家大坪小学、柴家台小学、铅丝厂小学，共有教师 123 人，其中民办教师 12 人。后来，西固一校与 1952 年成立的桃园小学收归为西固区属学校。1971 年寺儿沟小学成立。该校地处西固乡中心，师资力量强，教学研究活跃，系西固学区中心小学，1975 年设立西固学区。1982 年 12 月底，根据中央、省、市关于农村体制改革的指示精神，西固人民公社改为西固乡人民政府，在原公社所属生产大队建制和行政区划基础上建立了光月山、马耳山、杏胡台、西固、四季青、桃园、寺儿沟、张家大坪、柴家台 9 个村民委员会。1986 年随着乡管学校体制的全面落实，西固乡党委、乡政府决定办实事，抓教育，大力开展集资兴学。例如：柴家台小学教室均是用元朝的旧庙木盖成，木料迄今已有 600 多年的历史。此项举措造福当代，惠及后世，群众积极性高，踊跃捐款，蔚然成风。在全乡集资兴学中，涌现了许多慷慨捐款的典型人物，如杏胡台村宋作义为翻建杏胡台小学捐款 1.5 万元，中共兰州市委、兰州市人民政府为其挂"捐资办学模范"匾，给予表彰。张家大坪张进才为学校捐款 1.4 万元，光月山村村长蔡玉海为学校捐款 2 千元，杏胡台村孔德宝为学校捐款 2 千元……

1987 年 11 月，西固乡教育委员会成立，由张世崇（主任）、赵仲兰（副主任）、孙明武（副主任）、柴世海、他维俊 5 人组成。1987 年根据西固区人民代表大会决议，在四季青村人口稠密的月牙桥，建成一所完全小学，解决了当地儿童上学难问题。1988 年寺儿沟村由于兰化公司征地，年轻社员被该公司招工，子女大部分集体转入兰化一校上学，剩余 15 名学生妥善就近入学，寺儿沟小学于1989 年撤销。西固学区有 5 所学校分布于南北两山，南山有光月山小学、马耳山小学、杏胡台小学，北山有张家大坪小学、柴家台小学。

西固乡坚持社会主义办学方向，教育必须为社会主义服务的原则，认真贯彻党的德、智、体、美、劳全面发展的教育方针，大大改善了办学条件，受到农民群众的高度赞扬。

参考资料：

1.兰州市西固区地方志编纂委员会. 兰州市西固区志. 兰州：甘肃人民出版社，2000

2.西固区西固城地方志编纂委员会. 西固乡志. 1990

——写给平凡的教师岁月

附：

1949 年至 1966 年西固区属小学发展概况表

年份	学校数	在校学生数	毕业数	招生数	教职工
1949	5	425	140	225	12
1950	9	710	185	405	22
1951	13	1050	238	585	27
1952	16	1800	259	725	47
1953	17	2108	275	765	58
1954	14	2317	294	630	69
1955	14	2686	528	630	82
1956	39	8288	866	1755	242
1957	47	11201	1630	2350	389
1958	48	13628	2600	2350	435
1959	56	16716	2795	2800	519
1960	57	18563	3530	3700	597
1961	60	16418	4475	3900	598
1962	57	15322	3462	4893	614
1963	46	8713			357
1964	47	8900			437
1965	45	14136			444
1966	45	14025			448

西固柳泉教育蝶变记

历史记载着文化信息，文化引领着历史前进。西固自汉武帝元狩二年李息在此筑城始，在漫长的历史进程中，众多民族在此繁衍生息，休戚与共，创造了灿烂辉煌的历史文明。回眸昨天，西固丰厚的历史文化积淀，是西固教育熠熠生辉的根脉；放眼今天，生生不息的文化传承，是西固教育蓬勃发展的动力；展望明天，中华民族的伟大复兴，是谱写西固辉煌历史的精神血脉。

光绪二十八年和光绪二十九年（1902—1903年），相继颁布新式高等学堂、中学堂、小学堂，以及各级师范学堂和农共商实业学堂章程，光绪二十九年（1903年）起，逐步废除科举制，光绪三十年（1904年）颁行癸卯学制（《奏定学堂章程》），光绪三十一年（1905年）开始兴办新式学堂，传播西学。清政府关于筹办大学堂章程的颁发，为新式学堂的建立，搭起了基本框架。甘肃文高等学堂诞生于清光绪二十八年（1902年），为陕甘总督崧蕃创办，在甘肃近现代教育历史上开现代学校教育之先河。

清光绪年间，"废科举、兴学堂"之风兴起，由乡绅筹资和募捐，各地开始兴办义学。早在清咸丰三年（1853年），陈廷桂、杨怀荣等人在西柳沟倡建桐柏义学（原址在九仙殿），以读"四书五经"

为主，后又在监生陈廷桂、耆民在柳泉桐柏义学的基础上建柳泉里塾。光绪五年（1879年）西固开始兴办义学，地方绅士杨茂春、陈瑾等约众在柳荫堡（现兰化302化肥厂厂址）内建柳泉书院(就是人们口中的柳泉义学)。光绪十年（1884年），地方绅士刘成章发起，在西柳沟石岗买地基修建济英馆（后称百子宫）。光绪十四年（1888年），柳沟街修建育英馆，后将育英馆改为训蒙学堂。光绪三十一年（1905年），柳泉书院改为童蒙学堂，济英馆改为蒙养学堂（收初入学的学童，塾师讲授《四书》《小学》）。由此可见柳泉教育的根基之深，氛围之浓。

民国时期甘肃各类教育都处在萌芽、起步阶段，由于经费、人才、理念、环境等因素影响，教育的推进十分缓慢。西固在原有私塾、义学基础上纷纷改良国民小学，但实际乡村小学多为私塾性质，讲经读经仍占主要地位，甚至在一些偏远的村落，私塾、义学才开始建立。

民国二十二年（1933年）皋兰县制定兴办学校条例，向省教育部门写申请报告，在西柳沟石岗百子宫成立国民小学。其间，学馆和国民小学同时存在，两者教学内容不一样。国民小学学生主要学习《国语》《算术》等课程。学馆中的学生主要学习《三字经》《百家姓》《千字文》《千家姓》《论语》《孟子》《孝经》等课程。

1952年，国家正式将"一五"期间全国156个重点项目中的炼油厂、肥料厂、橡胶厂及配套项目的热电厂、自来水厂等大型骨干企业落户西固。1955年，因为兰州石化企业筹建工作的需要，西固区柳泉乡西柳沟（1953年初建立兰州市第五区后，成立柳泉乡，撤销柳荫乡建制，行政区域划入柳泉乡）的柳荫堡、石岗、柳沟街三村整体搬迁至柳沟大坪，分别取名为中坪村、东坪村、西坪村。1956年，西柳沟国民小学随之搬迁至柳沟大坪，更名为柳泉小学。

1958年，甘肃省教育厅发出《关于农业中学的几项规定》，提出按照本地工农业生产发展的需要，举办民办农业中学。1960年，柳泉乡响应国家全民大办教育的号召，成立柳泉乡农业中学。农业中学参照民办中学教学计划，初中开设语文、数学、政治、农业技术知识课，二、三年级增加卫生知识、理化知识。招收的学生存在文化程度参差不齐，教师严重缺乏，教学与生产劳动安排不当，劳动时间太多、学习时间太少，办学经费没有落实等问题。所以，后期部分农中撤销，部分农中合并。1967年，柳泉小学附设初中班，柳泉小学更名为柳泉学校。1968年11月，西固区革委会将柳泉农中合并到柳泉学校，将柳泉学校改名为兰州市西固区柳泉人民公社"五七"农业学校（九年一贯制，高中毕业，五二二制）。

1969年，甘肃省革命委员会在"学制要缩短，教育要革命"的口号下，决定小学普遍推行五年一贯制，中学实行四年一贯制或二二分段制。柳泉公社增加东坪、中坪、西坪小学。1972年，单独设立中学。原柳泉"五七"农业学校划出小学，更名为柳泉中学。

2000年后，西固教育局根据"十一五"期间全区中小学生源总量及结构变化，打通义务教育学段、区域义务教育与非义务教育界限，打通城乡之间、乡镇区域界限，优化资源配置，实现资源配置的集约化和优质化。柳泉中心校将西坪小学三至六年级合并到中坪小学，西坪小学调整为一、二年级教学点。2013年，结构布局调整，柳泉中心校并入柳泉中学。

"宝剑锋从磨砺出，梅花香自苦寒来"，柳泉教育从私塾、义学发展到目前的学校教育，走过了一条漫长的蝶变历程，是西固教育发展史上不能遗忘的珍贵片段。

参考资料：

1.傅九大.甘肃教育史. 兰州：甘肃人民出版社，2002

2.西固区地方志编撰委员会. 西固区志. 兰州：甘肃人民出版社，2000

西固境内兴办义学概况表

序号	名 称	创办年代	地 址	倡建人	规 模
1	八盘义学	民国 14 年（1925 年）	八盘庙宇	不详	不详
2	河口义学	民国 14 年（1925 年）	张家河口	不详	学田 12 亩，学生 30 多人
3	古城义学	民国 32 年（1943 年）	张家河口	不详	不详
4	三门义学	不详	张家河口	不详	学田 6 亩
5	马耳山义学	不详	马耳山村	不详	学生 10 余人

民国时期西固境内私塾概况表

序号	私塾名称	创办年代	地址	塾师及人数	规模
1	杏胡台私塾	民国8年（1919年）	杏胡台村	1人	5人
2	咸水川私塾	民国8年（1919年）	村龙王庙	1人	20多人
3	陈官营私塾	民国8年（1919年）	村土主庙	陈之昌、陈积玉等人	30多人
4	小金沟私塾	民国9年（1920年）	王家祠堂	王家四少爷	10余人
5	马泉村私塾	民国12年（1923年）	马泉村	马立怀曾祖父	20人
6	八盘村私塾	民国14年（1925年）	村北石庙	1人	
7	河口村私塾	民国14年（1925年）	村鼓楼巷	1人	
8	范家坪私塾	民国19年（1930年）	村旧庙院	于重华	10余人
9	新城私塾	民国20年（1931年）	城内当铺院	1人	
10	光月山私塾	民国24年（1935年）	村天王庙	1人	
11	马耳山私塾	民国26年（1937年）	村土主庙	吴沈延	5至6人
12	石岗私塾	不详	柳沟石岗百子宫	陈玉章	
13	石岗私塾	不详	柳沟石岗百子宫	芦东海	
14	钟家河私塾	不详	钟家河	不详	
15	瞿家营私塾	不详	瞿家营	不详	

——写给平凡的教师岁月

民国时期西固部分国民初级小学概况表

序号	学校名称	创办年代	地址	教师及人数	备注
1	特种乡达川岔路初级国民小学	民国二十五年（1936年）	岔路圣人殿	教师2人，学生68人	
2	八盘峡国民初级小学				
3	皋兰县私立河口小学	民国二十七年（1938年）	河口大佛寺		
4	皋兰县新城完全小学	1932年	下川天主堂		
5	柳荫堡国民初级小学	民国二十二年（1933年）	西柳沟石岗百子宫	1933年至1944年之间，适龄儿童入学率只一半左右	长庆寺有庙产耕10埫，作为办学经济来源
6	西固城隍庙国民初级小学	民国二十二年（1933年）	西固城隍庙		
7	私立皋兰县下伍乡初级国民小学	民国十三年（1924年）	关帝庙东西厢房	教师3人，学生70多人，教学班6个	
8	钟家河国民初级小学	民国三十二年（1943年）	钟家河钟氏宗祠	刚创办时十几人，1949年增至近百人	
9	瞿家营国民初级小学	民国二十二年（1933年）	刘家家庙	刘赞勋任校长兼国文教师	

续表

序号	学校名称	创办年代	地址	教师及人数	备注
10	小金沟国民初级小学	民国三十五年（1946年）	村土主庙院内	土木结构校舍六间	
11	皋兰县下伍乡杏胡台初等小学	民国二十八年（1939年）	关帝庙		
12	皋兰县柴川乡柴家台初级小学	民国三十五年（1946年）	柴氏家祠		
13	陈官营国民学校	民国六年（1917年）	关帝庙西厢房，陈家家祠	至1949年前，教室有12间，教员20名，学生700多人	
14	范家坪国民初级小学				

——写给平凡的教师岁月

老旧书籍保存现状与补救策略

在近四年的教育展览馆资料收集工作中，每天接触最多的就是那些尘封已久、变色发脆、不忍心多翻一次的历史资料。那个没有计算机、没有网络、没有数据贮存的时代，这些随着时间沉淀下来的珍贵资料，由于纸张质量低劣和当时的印刷技术限制，再加上人为损伤，很难在岁月的打磨中完好保存下来。

很长时间以来，工作已经让我养成一个习惯，每天必做的一件事情，就是将众多老旧书籍按年代分类，依品相挑拣，遇见一本时代感强、教育味儿足的书籍，总会在爱不释手的同时，遗憾书籍的损毁严重。

教育的步伐总是与书籍相伴相生的。追溯过往，教育从明清时期的古籍善本到民国时期的初小课本，再从 1949 年前后的各省教材、农民识字课本到改革开放以后的人教版教材，每一本教材的变革就是教育砥砺前行的历史印证。让教育历史说话，今天能做的就是保护好这些陪伴了多少代人风雨兼程的老旧书籍。

一、老旧书籍保存现状

1.书籍保存流传太久，书体的内部与表面存在着一定的霉菌、虫卵等，如果保护措施差，许多残留在书体中的霉菌菌体堆积，就会产生黏性物质，在书页表面形成结垢、斑或造成粘连，使书页难以打开，直接严重地损害了书籍。

2.书籍老化变脆，并不在于存放时间的长短。有人发现，欧洲在15世纪出版的一些书之所以至今保存完好，是因为那时的纸是棉和麻布头制成的，含有防止酸生成的碳酸钙。现代社会中书籍发行量大，用棉麻造纸显然不可能，因此大都以木材为原料，纸中的植物纤维容易受到酸性水解把纸侵蚀掉。专家通过大数据检测分析，20世纪20年代至40年代的报纸属于低劣纸；20世纪50年代至80年代的报纸耐折度均低于50次，属欠坚固纸或短寿命纸；20世纪20年代至40年代的图书纸张耐折度为11.3次，属不坚固纸；20世纪50年代至80年代的图书纸张均为79次，属欠坚固纸或低强度纸。其中耐折度低于10次的占23%，这部分图书纸张已经严重脆化，处于即将毁灭的状态。从加速老化数据可以看出，25年后将有40%的报纸耐折度将低于2次，60%的图书纸张的耐折度将低于10次，成为低劣纸或不坚固纸；50年后，有30%的图书、报刊纸张将毁于自身的老化过程之中。特别是20世纪40年代以前的书籍纸张老化程度尤为严重，有的已经不能进行流通阅读，若不及时采取抢救措施，将会造成不可弥补的损失。

3.大多书籍属于人为损毁严重。每一代人都有自己薪火传递的文化使命。置身在这个社会历史变迁过程中的人们，所经历的人生起落与悲喜情感总会依附于一个物件、一段故事而留存下来。当然，学习经历将会是现代人跌宕起伏人生中共同的场景。日常生活中，人们对陪伴自己长大的书籍没有收藏保护意识，大多以废弃物处理掉。

当年圈点勾画的书页、精心制作的封皮，还有朗朗上口的课文、老师红色水笔批阅的痕迹……一页页、一册册都记录着我们人生成长的轨迹，而今回忆已成烟云。费尽周折寻来的旧书明显的特点是脏、破、褶。一方面是书籍沾染大量油迹、墨水迹、水渍等污迹，不仅会缩短书的寿命，而且还会影响阅读的效果。另一方面是大多数书都是被撕裂的，上面带有许多胶布等外来物，甚至直接损坏了相对牢固的封皮、封底和书脊，从而造成书页散落等现象。其次是书皮、内页随意卷曲、折叠，造成断落缺损。

二、老旧书籍的维护补救

当人生走进夕阳，回忆里还有鲜活的昨天陪伴，那是一件多么幸福的事情。因为您收藏的不仅仅是一本书，而是那个奋斗的时代与满心的能量。如果您已经在收藏，给您一点建议：

1.书籍存放要保持清洁干燥，通风良好，不常用的书籍，也应该定期翻动，书架上或书柜中，放些包好的卫生球。

2.为书籍除污。在油迹上放一张吸水纸，用熨斗轻轻地熨几遍，便可以把油分吸尽，也可以用几滴汽油轻轻擦除；用棉花蘸上氨水，轻轻地在霉斑上擦拭，至除净为止；蚊蝇便迹用棉花蘸上醋液或酒精，在便迹上轻轻擦拭，至除净污迹为止。真正内文脏了是无法去除的，这里说的是书身部分的处理。真正氧化的书是非常脆的，从藏书的角度看，没有必要处理。

3.尽量减少和空气、水分、阳光的接触。生活中，和空气的接触一般人无法避免，但可以尽量避免和水分、阳光接触，可以把藏书放进黑色的塑料袋里封好，用的时候再拿出来。

4.在书彻底损坏之前抓住机会进行修护。旧书总会有些不适当的添加物，如贴有标签、胶纸之类，还有一些书钉已氧化严重，生锈的铁钉早晚会把封面锈穿，建议第一时间将有害的外物移走，把生锈的书钉抽掉，再用线绳把书重新装订好才是一劳永逸的办法，历史上留存下来的线装书能保存下来就是很好的例子。

5.养成良好的看书习惯。

第一、卫生地看书。看书的时候不要吃东西。书页翻不开的时候，不要手沾唾液翻，用湿海绵代替。

第二、保护好每一页书。要做标记时，用书签做标记，不要将书页折叠起来。书不看了一定要合起来，否则会损伤书脊。

第三、减少翻阅会延长书的寿命。如果属收藏书，最好还是看电子书，把纸质书保存起来。毕竟每翻阅一次纸质书籍，就会缩短它的使用寿命。尽管纸质书籍不可能永远像新的一样，但以上方法能让你的爱书多存放几年。

文化教育事业的发展和人民文化程度的提高，使喜欢藏书的人越来越多，这应当受到社会各界的支持和鼓励，它有助于提高全民族的文化素质，有助于社会的发展和进步。

酒是陈的香，好书也是如此。久盛不衰的名篇就似多年的佳酿，陪伴数代人留存下来的书籍需要您静下心来保护，细细品味其中的书香，一定令你回味无穷。

附：

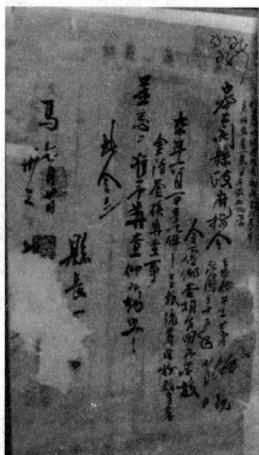

皋兰县政府关于下伍乡杏胡台学校统筹学校教育数目及办法的指令

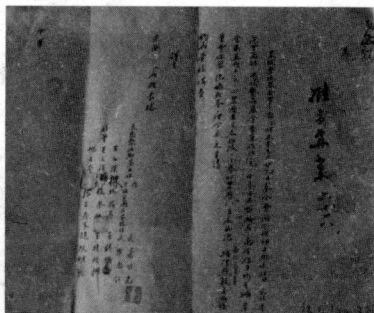

皋兰县下伍乡呈报学校基金事由

下伍乡杏胡台国民学校呈报基金恳祈备案准予备仰遵照由

皋兰县政府为呈报职校筹计基金数目及办法仰祈鉴核备由

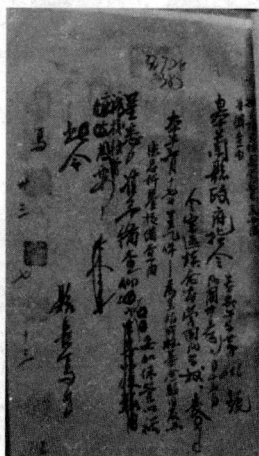

皋兰县政府关于金沟设立保校一案的公函

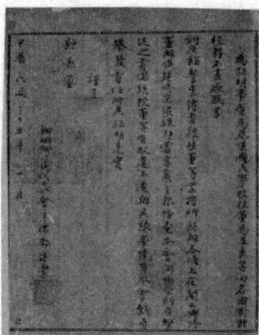

查马泉堡国民学校校董
马呈良等对于校务不尽职责
的呈文

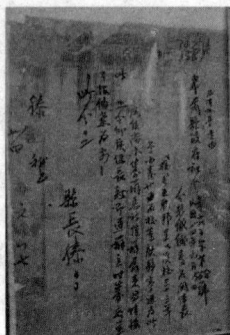

令仰该保长克即遵办
筹齐小麦基金呈报备案由

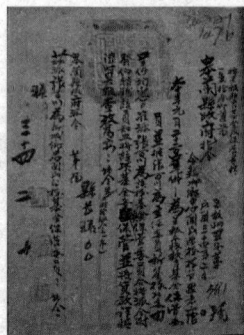

据呈报教育基金及保
管等一案指令仰遵照由

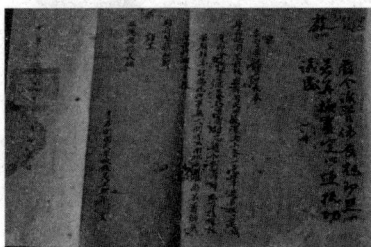

青石关国民学校校长呈文

关于下伍乡瞿家营国民学校委任校
董的批复

关于源泰乡大横保国民学校委任校
董的批复

皋兰县政府教育科关于委任校董的
批示

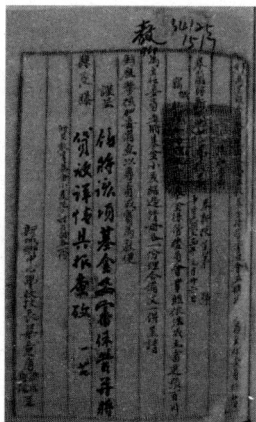

为奉谕成立本校基金保管委员会并推选张百川为主任委员祈鉴核加委由

皋兰县下伍乡陈官营中心学校校田调查表册

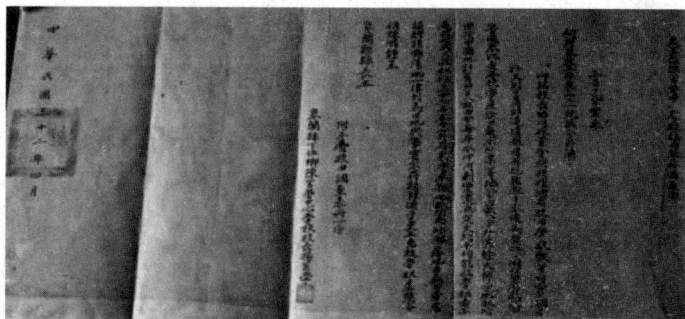

皋兰县政府为呈报陈官营中学校田鉴核查由

农村教育的脊梁

——回望西固民办教师的执教岁月

中华人民共和国成立之初，经济文化建设异常艰难，教育方面尤其如此。现代中小学教育基本空白，从而导致大量文盲半文盲人口的存在，严重制约了社会政治经济的进步与发展。面对这一难题，国家在广大农村对成人进行扫盲教育的同时，发动各级政府、群众，在极其艰难的历史条件下，大力发展富有中国特色的农村民办教育。

1980 年中共中央、国务院《关于普及小学教育若干问题的决定》指明："在我们这样一个人口众多，经济不发达的大国，普及小学教育，不可能完全由国家包下来。要以国家办学为主体，充分调动社队集体、厂矿企业等各方面办学的积极性，还要鼓励群众自筹经费办学。"那时，国家教学人员缺乏，为补充农村学校师资力量不足，只有选拔一些有文化的农民到学校任教，民办教师就这样应运而生了。民办教师是不列为国家教员编制的教学人员。西固地区民办教师绝大部分集中在农村小学任教。民办教师的人选，由学校或当地基层组织提名，行政主管部门选择推荐，教育部门审查批准。在农业合作社和人民公社时期，民办教师的待遇与普通社员一样，挣工分，后来国家财政开始给予少量补助。人民公社改制后，民办教师除了正常教学外，还要在寒暑假和星期天参加生产劳动，为家庭创收。

金沟乡地处西固偏远地区，20世纪60年代初，自然环境很差，办学条件非常有限。马家山地处金沟山峰之巅，村落依山脊而建，山村人民生活条件极其困难，更别说办学和上学了，又有谁能来这里任教呢。陈登智老师挑下这副重担，离开家人老小，毅然来到马家山，开始创建自己认为不是学校的学校。没有桌凳，就用草筋泥（土和麦草和成的泥）堆砌成桌凳，打土墙围堵院落，开荒种地，栽植树苗，从几个学生到十几个学生，从小学发展到有了中学……这一切，仅凭一腔热血远远不够，关键是把那里的百姓挂在心里，把那里的孩子放在心上，把自己融进大山里，真正成为马家山人方能做得到，陈老师做到了，一干就是30年。由于过度操心劳累，落下的肺心病反复发作，病倒在工作岗位上，他不愿意离开学校和学生，离不开那三尺讲台，拖着病体，又坚持工作多年，耗尽了心血，带着未竟事业的太多遗憾离开了这个曾经一锹泥、一把汗建设起来的山村学校。花落人去，马家山百姓忘不了，无数走出大山的学生忘不了，忘不了那段创办学校的艰苦岁月，忘不了陈老师那乐此不疲的工作精神和对山村人民的真挚感情！

金沟山梁上的风依然威力不减，金沟人那份追求知识的热情依然不灭，无数像陈登智老师一样的民办教师继续着这条教育长征路，每天徒步行走在通往各个教学点的山路上。

像陈老师一样的许许多多民办老师，克服各种困难，兢兢业业工作，没有因为自己的身份问题，对工作有丝毫懈怠。那时，一个老师往往要代好几个年级的多门课，白天上课没有时间备课、批改作业，只能晚上点着煤油灯为学生们批改作业和备课，有时候要熬到深夜，对学习差的学生进行单独辅导，对个别落后的学生，要走十几里山路到学生家中家访，从根源上消除孩子们心理上的阴影，有时还要为家庭困难的学生垫付学费，让他们能够继续上学。他们凭着一腔热血，扎根在学校，风风雨雨，一干就是几十年。

1977 年，全国民办教师一度多达 491 万，农村非国办教师要占到农村中小学教师总数的 60% 左右。由于民办、代课教师都就地取材，大多没有师范文凭，初中生占相当大比例，再加上生活负担沉重，农村民办教师队伍状况堪忧，使得农村教育长期处在一种恶性循环中。20 世纪 80 年代以后，为加强农村学校教师队伍建设，国家决定解决民办教师待遇问题，提出了"争取到 20 世纪末基本解决民办教师问题"的目标。西固地区部分民办教师，先后在兰州师范学校进修班培训后，陆续转为国家正式教师。

岁月蹉跎，光阴如梭。民办教师在学校任教的艰苦岁月里，他们为人师表的形象和对山区教育的那份真挚感情，以及无私无畏、勤勤恳恳、任劳任怨的高尚品格，对山区教育的发展，产生了不可低估的影响。

人才为政事之本，而学校尤为人才之本也。我们不能忘记曾经为山区教育做出努力的民办教师们。

——写给平凡的教师岁月

参考资料：

1.兰州市教育局办公室. 兰州教育年鉴. 2006

2.西固区西固乡地方志编纂委员会. 西固乡志. 1990

3.张吉复. 西固史话. 北京：中国文史出版社，2017

4.刘克钧. 西固文史资料. 政协兰州市西固区委员会，2015

从历史根系上长出来的西固教育精神

　　最近，由于教育展览馆工作进入教育精神资料征集与提炼阶段，每天都会收到许多有关教育精神的文稿，翻阅中我们不断思考，何为教育精神？教育精神从哪里来？

　　我是 20 世纪 90 年代的师范生，从踏上讲台起，就是听着于漪、魏书生、李镇西、袁瑢、于永正等一大批全国知名教师的故事成长起来的，从他们身上我看到了一幕幕朴实无华而又恢宏壮丽的感人事迹，看到了一种最有价值的东西——教师精神。

　　教育即城市的魂，一座城市的教育精神不正是许许多多教师精神的无穷积淀吗?!

　　金城西固，自西汉王朝李息开疆筑城以来，教育也在沧桑巨变中逐渐发展。明弘治十五年（1502 年），古城始建社学。清咸丰年间，始有允吾义学、桐柏义学。清末，废科举、兴学堂。清宣统元年（1909 年）创建西固城小学堂。中华民国成立后，近代教育制度逐步建立。民国六年（1917 年），在陈官营义学的基础上改建了全区第一所国民小学——陈官营国民学校。中华人民共和国成立后，现代教育逐步建立和发展，西固学校教育进入新的历史时期。"一五"期间，诸多国家大型企业入驻西固，激活了这方土地上的经济，城

　　——写给平凡的教师岁月

市建设开始了多元化跨越式发展，整座古城成为西北高原上一颗璀璨的石化明珠。教育规模随之亦空前扩大，从社学到西部教育名区的规划，学校发展一路栉风沐雨，至今已走过500多年的历史。

荀子《大略篇》中说："国将兴，必贵师而重传。贵师而重传，则法度存。"可见古人对教师的尊重。西固自古就尊师重教，保留着许多中国传统美德，无论是下马进士王世相，还是当代教育人，都用勤劳与智慧谱写着一部生动的教育史。21世纪，西固区为进一步贯彻落实教育优先发展，实施"科教兴区""人才强区"战略，统筹区域教育资源，推动西固教育事业科学发展，制定了打造西部教育名区的战略目标，进一步体现了"全民创业、尊师重教"的优秀传承！

西固这座老工业城，历史上经历了三次人口迁移，带来了不同地域的风俗习惯，引入了全国各地的民间技艺，多元文化的碰撞使西固教育有了长足发展。同时，在包容外来文化和本土文化的基础上，根据时代及地域的需要，西固教育不断创新，不断进步。20世纪50年代，西固形成了以石油化工、能源、装备制造和新材料三大板块为支柱的工业体系。区内石化原材料充足，其中炼油、合成树脂、橡胶、催化剂的生产能力和产量居西部首位。"一五"期间，国家在西固投资建设石油、化工等重点项目，奠定了西固雄厚的工业基础，成为全国第一个大型石化工业基地。西固区委、区政府根据党中央提出的"两条腿走路"的办学方针，最大限度调动区域内各级企业的办学积极性，揭开了西固企业基础教育的新篇章。企业办学优势明显，企业教育蓬勃发展，有效建立起了政府主导，覆盖学前教育，基础教育至高等教育的西固教育体系，西固教育出现了社会办学和企业办学相对独立、互相依存的状态。兰炼、兰化教育集团的设立带来了管理体制和机制的创新，西固教育锐意改革，全面实行聘任制、交流制、竞聘制、任期制、津贴制"五制"管理，近年来在全国率先取消中小学校长级别，建立教师的"区管校用"制度，推进西固教育一体化、集团化、特色化、品牌化、国际化，赢得社会广泛赞誉，在全社会树立了"城市发展、教育先行、教育振兴、全民有责"的大教育观。区域内名校林立，为西固区及周边县区莘莘学子提供了大量的优质资源，为国家输送了大批优秀人才，体现了西固教育海纳百川、开放包容的胸襟和气魄。

党的十八大报告提出："坚持教育为社会主义现代化建设服务、为人民服务，把立德树人作为教育的根本任务，培养德智体美全面发展的社会主义建设者和接班人。"十八大报告明确把"立德树人"写进教育方针，坚强而有力地回答了这一事关党和国家前途命运的问题，具有里程碑式的意义。"立德树人"始终是西固教育衡量教育发展的标尺。

孔夫子所说的修身在中国传统文化中是十分重要的概念，中华五千年的文明史就是一部"修身、齐家、治国、平天下"的道德思想史。修身是立人之基，就是学习做人的道理，是教化和教育，做有文化涵养的文明人。

西固教育传承中华五千年文明，继承了立德树人的优秀传统。"立德树人"将成为西固教育人不断追求的永恒目标，西固教育精神将会在金城丰厚的历史根系上萌芽、抽枝、展叶、结果，向着教育名区蓬勃发展的未来前行。

教育心声

长大后我就成了你

探索着奋进着

像骆驼征服大漠的贫瘠

似山峰超越夜的静寂

若扁舟搏击海浪的袭击

你在蜕变中成长

终于以西固教育的美名怒放于古城这片热土

你如深埋在土里的胡杨树种

接力棒般把生命的力量传递

晨曦中迎来希望

晚霞中举起辉煌

潇潇洒洒历经了改革的春风秋雨

以独有的胆识与魄力绽放出

掩埋不住的欣喜

城乡牵手　调整布局建标校

名校引领　福泽古城惠民心

你是黄土高原不屈不挠的胡杨

铮铮铁骨拥抱大地

坚韧包容彰显伟岸

走进校园　你为我打开了一扇窗

站上讲台　我看到了豪迈

你宽阔的肩膀

为我遮蔽烈日

你丰厚的历史

为我树立一个个人生的高度

在你的肩头歌唱

展示我最辉煌的一面

你春风一样染绿城市和乡村

栖息在你的怀抱

倾听强烈的心跳

感受生命的蓬勃

你在我的世界成了不朽的站立

我在你的身后长成了胡杨

"玉"见美好，"玉"约未来

——学校文化掠影

玉由石来，自然之灵；润泽璞石，终成美玉；玉成非易，大器俨然。从百人校园到上千学生，一所享誉社会的西固区窗口学校，一举成为国家级中华优秀传统文化传承校，甘肃省文明校园，甘肃省德育示范校，甘肃省"园丁奖"教育先进单位，甘肃省快乐校园，甘肃省教育厅校长影子培训实践基地……这就是一路栉风沐雨走来的兰州市西固区玉门街小学。

玉门街小学自 1964 年建校以来，经历了半个多世纪风雨沧桑，在分分合合中度过了高中教育，九年一贯制教育和六年制完全小学教育的办学历史，历任校长将毕生心血播洒在这个弹丸之地，创造了学校发展历程中的一个个高光时刻，为学校成长积淀了厚度，拓展了广度，提升了高度，赋予了生命，很好地践行了文化成就学校、文化培育人才的办学理念。儒家文化倡导"君子比德于玉"，做人就要像玉一样晶莹高洁、坚韧温润、沉静从容。学校借"玉"的美好寓意，融合学校历史，在 2010 年确定了"玉润"为学校文化核心，玉润文化是有根有干、有枝有叶、有花有果的，它的根脉深扎于学校半个多世纪的创业历史中，历届校长的办学思想赋予了它开枝散叶的生命力，全体师生诠释着问道、授业、解惑的生命传承，做人做事如切如磋，学业事业如琢如磨，基于时光里的"玉润"文化，提出绝对不是偶然，而是学校生命接续奋进的必然。

润贤书卷

紧扣玉润主题的核心雕塑"润贤书卷"静静坐落在校园。时刻提醒着走到这里的每一个人要问学习之道、做人之道、生命之道。

2020年初，疫情如雾霾一样笼罩着人们的生活，威胁着百姓的健康，孩子们被困在家里无法正常开学。2020年4月20日，是兰州市中小学开学的日子，为了等待这个春天，为了这个来之不易的开学，有无数逆行英雄"想天下之所难，为百姓之所安"而献出生命，为我们迎来了这个春光明媚的开学日，学校领导征求各方意见设计了这座雕塑，取名"润贤书卷"，以自己的独特方式来迎接期盼已久的开学季，更是纪念无数战"疫"英雄用生命换来的幸福时刻。学校特别邀请了为西固教育做出表率，为学校发展融入全部生命的李埗业先生和为学校发展付出青春，播洒心血的滕铭娟、马光兰两位校长亲临校园与孩子们一起迎接"润贤书卷"的诞生，共同见证学校历史上具有纪念意义的一刻。今天是十里春光绽放的日子，这样一个特殊意义的时刻，全体师生为"玉润"文化注入生命、灵魂。"润贤书卷"的材质是玻璃钢，底座为大理石，整个底座由三层台阶构成，寓意为"不积跬步无以至千里，学问需要步步上进，方可达到真学问"。正面是打开的书卷，上面用阴刻方式雕刻先秦时期荀子《劝学篇》中的经典语录，时刻提醒每一位走进校园的老师和孩子要力争上游，向上向善，学习永远都不晚，活一生学一生。

侧面雕刻有"玉润"印章，整个雕塑与玉润文化融为一体，成为玉润文化的典型标志，造型与学校璞玉廊、润书亭、美玉廊相辅相成，是对玉润文化的丰富与沉淀。

底座正立面用篆体雕刻有"玉润人生"四个大字，这是学校的文化核心，寓意为遇见智慧、对话贤者、向美而生、向阳成长。

润之吟

汉起古城，丝路要关。春华秋实，乃我校园。蔼蔼师长，身正为范。莘莘学子，心怡体健。晨诵暮省，孜孜不倦。玉汝于成，青出于蓝。

祁连山下，黄河之畔。书声琅琅，菁菁校园。以爱润爱，温良恭俭。切磋琢磨，大气俨然。德如美玉，智若波澜。开掘启蒙，流长源远。

这首古体诗《润之吟》雕刻在雕塑背面，分上下阕99个字，这首诗上阕结合西固由汉代时期大将军李息带领百姓筑成的背景和兰州西大门在丝绸之路重要古渡口的历史元素，引出学校教师敬业，学生向上的精神风貌。下阕从祁连山和黄河重要的地理位置切入，引出玉润文化以爱润爱，切磋琢磨，品德如玉，智慧如水，"玉"见美好，"玉"约未来的人生追求。

　——写给平凡的教师岁月

个中滋味

下午临近下班，和对桌的伙伴聊起以前的工作、以前的自己，突然感觉于混混沌沌中丢了自己。

最近总有一种无助的感觉，心底空的似乎丢失了所有的思考与记忆，整个心总是游离于办公室之外。关于采访策划、关于分工安排、关于团队潜力，整个人总是被一股莫名的累捆绑着，在忙碌的节奏中，有时感觉心很累！

心累的感觉，是说不出来的滋味。

从教育展览馆团队组建到成员磨合，从前期策划到酣畅工作，从内心无助到缕缕自信，心累的感觉，是静默时光里的隐痛，总像风儿一样溜进我的日子里，带来些许煎熬与焦虑。

前几日，和家人一同去了趟当年读过小学的旧地，曾想让教育展览馆的筹建工作从自己的小学回忆开始，没料此行败兴而归。曾经的六间平房教室、一大四小五间的办公室，还有那间一年四季总架着烟囱的传达室都不在了；学校的土操场和周围高大的白杨树也不在了。我依然如数家珍地给家人指点着这里曾经是水房，那儿曾经是校门……心底惦念的记忆早已淹没在新农村改造的新式建筑群里，不禁感怀"去年今日此门中，人面桃花相映红。人面不知何处去，桃花依旧笑春风"。

昨天上午，陪同北京设计方人员在西固石头坪景区实地考察教育展览馆规划用地，站在山顶，西固全景尽收眼底，将来的教育展览馆与山脚的金城公园遥遥相望，大家都为这样的选址暗自欣喜。随后又赶往坐落于河口古镇的原河口中心学校旧址，实地调研旧楼改造的可行性。工作时的那种投入与兴奋总让我收获全身心的愉悦，一天下来，与同事孙老师走在下班的路上，曾经的伤腿隐隐疼痛，但内心长满了踏实。是啊，一个人信念的重塑，才是做事最重要的支撑！

　　每次的工作历程都让我很纠结，总会因为害怕工作中犯错而紧张，没有人懂得提心吊胆有多么艰苦，不过让我欣慰的是我的心不断复活在期盼与成长中。最近进行了第三次团队工作分工与调整，看到伙伴们悦纳工作，迎接挑战的状态，我的心儿一次次被点燃、被激活。夜深人静，回想自己磕磕绊绊一路走来，一个又一个陌生的工作、陌生的人都需要我与自己挑战，西固区教育展览馆与民俗馆的筹备在每个人懂得其艰辛并擦肩而过的时候，我魔咒般地出现并与之速溶渗透，至今也不懂哪里来的力量。人有的时候真的需要坚定地信赖自己，因为这种信赖，内心的嘈杂日趋消退，变为一种洒脱，一种坦然，一份淡定。

　　夜已深沉，思考在夜的融化下放缓了步伐，心也被越来越静的夜征服了……

　　轻轻推开儿子的房门，递上一杯热牛奶，抛物线状态投给沙发里妻子一个苹果，然后坐回电脑前。方才的一切那样无声，那样自然，平日里不抽烟的我燃一支香烟，端一杯清茶，坐回电脑前，敲下今天日志的最后一句——个中滋味你懂的！

　　——写给平凡的教师岁月

五味杂陈金沟行

这两天，心一直随着一种从未有过的沉甸甸的节奏在彷徨，这个冬天太过漫长。

清早，漫天的雪花似乎懂我心事般默默洒下，不敢发出任何轻微的声音，连往日的呢喃与滑落时的簌簌声也没有了。隔窗望去，只剩孤独无语的白，一片苍茫。

车行在前往金沟的蜿蜒山路上，路边不断闪过的低矮山脉凸凹连绵，没有夏天的青草绿树、奇花异朵，但仍然不失宁静、幽深。

山路忽然一转，村庄出现了，晒太阳的村民出现了，很快我们已到地处金沟学区的马家山村。陪我们一同前往的还有马家山小学的王校长，地道的金沟人，就如金沟群山一样豁达知性的女人，她帮我们快速张罗好宣传场地，音乐响起来，大红春联挂起来，看热闹的、要春联的人们呼啦啦围拢过来，安静的村落顿时沸腾起来，工作组送春联进农家活动就这样开始了。我与伙伴们进村入户走访百姓人家，这里的人们好客实在，几句简单的搭讪，热茶已递到手中，我们虽为征集展品而来，可这里淳朴的民风已让我脑中没有了先前那些工作的重负感，伙伴们灵活的交流方式，加上同事程鑫灵动流畅的墨宝春联，我们的宣传工作很快有了推进。

经王校长引荐，我们见到了87岁高龄的老人王万年一家，这是一位健谈的老人，他述说当年他在私塾的情景，先生如何教书，学生如何求学，谈得兴起，王老先生还背起了当年学过的片段，真令我们这些晚辈惊愕。王老先生拿出了当年他用过的课本《论语》，书中密密麻麻的都是当年老先生学习时的圈点痕迹，书的扉页和末页均有老先生的学习警句"今日不能成大事，父母心中何安然"，轻轻翻阅此书，我心中装满敬意。临别，我们与老人合影留念，祝愿这位可亲可敬的老人健康平安！

　　冬天的太阳来得快走得突然，时间已到午后时分，山风沿着沟底吹来，太阳已经划过金沟群山，憨实的大山又将迎来一个静谧的夜晚。

师爱无价

　　世上的任何东西，都是越分越少，唯独爱是越分越多。爱，不是索取，不是等价交换，而是付出，是在付出中成长。

　　师爱是神奇的，当一个人全身心地投入到他所挚爱的事业中时，就会忘记一切烦恼，会激发出从未有过的智慧和力量。人的价值不在于干什么，而在于怎样干。十年磨砺十年功，面对渴求知识的孩子们，我有着永远使不完的劲、永远用不完的办法、永远不会枯竭的灵感、永远饱含温暖的激情，许许多多人民教师正是以他们那广博的师爱赢得孩子们的心,并用最铿锵的事实证明——师爱无价！

　　记得刚参加工作的时候，常因学生的调皮而埋怨，因他们的退步而急躁，因他们的违纪而失态，也会产生跳槽的念头。是我身边的老教师用他们的行动感化了我。我下定决心重塑自我，用全部的爱真心地走进学生，忧伤着学生的忧伤，快乐着学生的快乐，很快成了他们的朋友，也成了学生喜爱的老师，教学效果越来越好。正是至诚的师爱唤醒了我的工作激情。

　　我还清晰地记得，我的第一届学生中有个男生，家庭困难，患有胃病；学习成绩落后，经常逃课打游戏。批评教育多次，效果都不好。我主动关心爱护他，为他买文具，买衣服，带他看医生，我的付出感动了他。他像变了个人似的，发言积极，也乐于助人了。我也经常在班上表扬他的每一点进步，他的成绩直线上升。后米，他上了军校。他在考上大学给我的第一封信中说："亲爱的老师，您是我的引路人，没有您，就没有今天的我。衷心地谢谢您，恩师！"每当读着这样热情洋溢的来信，接到一个个亲切问候的电话和短信时，我心潮澎湃，激动不已。所有的苦、所有的累、所有的烦恼都跑到九霄云外去了，顿时产生了无比的幸福感和成就感,同时又感到责任重大。

电影《水凤凰》为我们讲述了一段真实感人的故事。山村教师陆永康为了山里孩子，36年来双膝跪地，仅凭双手支撑身体向前移动，用木板、废旧轮胎、铁丝自制了一双重达两公斤的"船鞋"，缚住双膝，开始了艰难的劝学历程，跪地行走于山山水水之间，别人走一个小时的路，他得跪着走上三四个小时，常常是晨曦微露出发，繁星满天回家。有人说，陆永康像一支残烛，照亮了山区孩子明天的希望。陆永康却说，我搞不懂那些复杂的东西，我只希望山里的孩子能有书读，能读好书，就很欣慰了。他是一个跪着工作的人，却是一个让我们叹服的人！师爱是付出，师爱是责任，师爱至高无上！

几度春风秋雨，几度花开花落，当年，英姿飒爽的您，迈入教育的怀抱，明知这一职业和功名无分，与利禄无缘，但我们仍然坚定而执着地选择了它，日复一日，年复一年，把毕生心血洒在40分钟的课堂，把毕生精力消耗在一堆堆的作业中。我们不能像运动健儿那样，手举金杯，气冲霄汉；也不能像影星、歌星那样，名扬四

　　——写给平凡的教师岁月

海，身价百倍，但是看着一批批德才兼备的学生走出校园，我们的内心是满足的！

我们选择了这个职业，注定在这条路上风雨兼程，平凡一生。身为一名人民教师，我们深深懂得，谁爱孩子，谁就拥有了自豪。这种爱源于高尚的师德，这种爱意味着无私的奉献，这种爱是稳固的、深厚的，这种爱能超越一切。

"桃李不言，下自成蹊"，花的事业是甜蜜的，果的事业是珍贵的，让我们做叶的事业吧，用真诚开启心灵，用希望放飞理想，让我们携爱同行！

我的备课故事

　　教学之路有曲折，但也有阳光。回想刚刚毕业的时候，我满怀兴奋与喜悦，走进了小学校园，那一刻，一切是那么新鲜，也在那一刻，我与讲台结下了难舍的缘分。

　　老校长非常欣赏我的年轻，到现在我还清楚地记得，他让几位老教师带带我，我想，这也许就是拜师学艺吧。学校给我发了一本五年级的语文课本，让我准备《我的伯父鲁迅先生》一课。当晚，我失眠了，我读过鲁迅的许多小说，对这位文学大师也有所了解，可是，面对这篇小学课文，却不知如何下手，为此翻开已经读过的鲁迅小说和相关文学史资料，认真地进行备课，一直到深夜，我才将课备好，似乎完成了一件重要的任务，轻松了许多，而后，我便像背英语单词那样一遍遍地重复熟读，直到熟读能背为止，我那颗悬着的心才放了下来。第二天，脱下运动服，特意穿上为见学生而定做的一套西服，心想，学生一定会被我镇住的。我胸有成竹地登上讲台，像背演讲稿一样开始背教案，教室里一点声音都没有，我心里默默为自己的顺利开头而高兴，半节课即将过去，我惊异地发现好多孩子趴在了桌子上，没有趴的孩子眼睛移向了窗外或其他同学身上，甚至连后面的老师都在窃窃私语……整个课堂只有我是最活跃，最兴奋的，我不仅讲到书中的内容，还讲到了鲁迅与中国革命，我有意提高的音量对他们好像没有任何吸引力，我辛苦的劳动果实便在他们无所谓的神情中伴着下课铃声凋谢了。课后，老校长安排了几位老师帮我修改教案，从他们语重心长的谈话中，我深深懂得了备课不是演讲，不是个人展示会，而是师生共同的舞台……这些话语在我的教学工作中，不断被验证，在我脑子里逐渐清晰起来，迎来了"柳暗花明又一村"的新天地。现在看来，备课不等于背课。尽管很多内容需要教师牢记，但备课的含义远比背课要广泛得多，深刻得多。

一节课，老师们看到的精彩教学场面，是表象。实际上教学效果好，不是因为上课老师的灵感，而是老师长期积淀的具体体现，正所谓台上一分钟，台下十年功。记得，我为了参加市电教课比赛，准备《两个铁球同时落地》一课。当时，我准备了非常生动有趣的动画课件，带学生去市电教馆参赛，天有不测风云，我走进教室的一瞬间，突然发觉自制的课件丢在了车上，多年的教学经历告诉我，冷静是成功的基础，既然事情已发生，慌张是解决不了问题的，今天，我将预设的问题丢了，我何不让孩子们从文中去找问题。我当即跑出教室，在街口买了几个柚子和小金橘回来，让孩子们自由组合，共同研究自由落体实验，顿时，教室里成了比萨斜塔的生活场景，他们已不拘限于课文的限制，利用现成的材料自己设计，发现问题，自我解疑，他们争论时通红的小脸，睁大的眼睛，高举的小手，才是我这节课所备的最佳环节，这不是表演，而是孩子们开心、宽松地享受学习。课堂生成应该属于隐性备课的范畴，隐性备课备的是内功，有时是看不到的，也无法形之于文字。

常言道："凡事预则立，不预则废。"有备而来，方能胸有成竹。一堂课虽不过40分钟，但要使40分钟精彩不断，不是一个月、一年就能练就的本领，而是需要教师长期的知识储备和能力积淀。备课的意义已然超出了我们平常理解的为某一节课、某一个教学内容而设计的教学过程，而是从提高自身的教学能力和丰富教育智慧的高度来重新审视备课的意义。回顾备课的经历，我认为独立创作尤为重要，只有自己独立钻研教材，才会做到个性化理解教材，然后参考教参或借鉴名师设计补充完善，这样的备课才具实效性。另外，课后反思是必不可少的重要环节。

时光在周而复始地运转，而我们的教学却是常教常新，校园里走进了一批批新教师，银丝也爬上了老教师的发梢，我们就是这样默默准备着每一节课，行走在与文本和孩子对话的生命历程中。

一种有益的尝试

——学生成长册评价小议

都说男老师不适合教一年级孩子，由于学校老师紧缺，我被分配担任一年级新生班主任兼语文教师，这让我发愁了，还是妻子招数多，她建议我将教育儿子的一套方法用在了学生身上。清楚地记得，儿子上一年级前一天的夜晚，我与妻商议为儿子制作了"成长录"。希望从他点点滴滴的变化中，感受喜悦、收获幸福。由此，全班55名学生便成了我的孩子，我的期盼。

带着成就学生的愿望，每天和55名"小淘气"学在一起，玩在一起，我不希望他们有多么了不起，却希望他们是一个个鲜活的自己。为每个孩子制作了个性鲜明、便于存放的成长册，来记录孩子成长中生成的闪光点，这是孩子们成长过程中的一个美好记录，这个成长记录册是学生、教师和家长共同管理的，内容涵盖了一项任务从起始阶段到完成阶段的完整过程。例如，关于写话学习的成长记录册内容，就包含了从头脑风暴式的大讨论开始，提纲、草稿、修改过程或再次修改的草稿，以及最终作品等。学生通过自己的全程参与，学会了反思和判断自己的努力与进步，因为学生有权决定成长记录册的内容，特别是在作品展示或运作过程中，由学生自己负责判断提交作品或资料的质量和价值，从而拥有了判断自己学习质量和进步、努力情况的机会。既有助于教师形成对学生的准确预测，方便教师检查学生学习的过程和结果，将评价与教育、教学融合在一起，提高了评价的效度。每学年学业结束时，将最有意义的部分资料转送给家长保存。这将成为家长最值得珍藏的财富！

一、成长册评价研究依据

多元智力论提出：每位小学生都有自己的优势智力领域，有自己的学习类型和方法，学校里不存在差生，每位学生都是有自己的智力特点、学习类型和发展方向的可造就人才。正是这种智力差异，使得每一位学生看起来都与众不同，因此应该倡导一种丰富多彩的评价观，为他们取得成功提供多种选择，引导他们走入适应个人的领域，扬长避短，使其减少挫折和学业的失败，从而激发学生潜在的智能。应该通过多种渠道，多种形式，在多种不同的实际生活和学习情景下为学生制作科学有效的三位一体评价，从多方面观察、评价和分析学生的优点和弱点，并把由此得来的资料作为服务学生的出发点，以此为依据激励学生不断设置目标，不断进步。学生成长册是师生发挥集体智慧的力量，共同完善充实的一种有效评价工具。

二、成长册评价研究意义

成长册评价有两点精神值得关注，合作精神和体验快乐的精神，这两种精神正是我们以往评价学生时所缺少的。学生之间通过交流相互认同、相互学习。以往单一的考试成绩评价给学生带来沉重的心理负荷，产生许多负面影响，学生何来积极自信的态度。只有在关注学生学习成长中努力发现、挖掘优点，让他们不断获得成功的喜悦，这样才会有不断前进的动力和信心。因此在成长册中大量的精致作品和老师、家长的鼓励性评价有助于学生自信品格的培养，与课改相一致，让学生感受到自己的进步，体验成功的快乐，对存在的不足相信自己通过自身努力来完善。注重家长、学生、老师间的团结协作，调动学生与家长的积极性，从而提高学生的自我认识，自我促进能力。另外，成长册评价的激励功能也是很明显的，其中的过程评价表随同作品每月反馈给老师、家长、学生，通过学生成长册学生能够了解自己目前的学习状态，看到自己的成长、进步以及存在的不足，得到教师、同学和家长对改进学习所提出的建议，这些都有助于促进学生的发展。

三、成长册评价研究的操作

1.充分发挥学生的主体作用

成长册评价贯穿了"知识与能力""过程与方法""情感态度与价值观"的三维度理念，创造了学生自我评价的机会。在学生成长记录册的应用过程中，关键在于教师如何把握自己在成长册应用中的作用和角色。起初，成长册的管理成了我义不容辞的责任，也成了一种超负荷的工作。回顾一年的评价工作，我在反思中寻找新的途径、突破和发展，将现在的插页夹式成长册用不同色块的标签分为语文、数学、英语、综合（综合类包括科学、品德、音乐、美术等科目），每科老师在成长册的操作过程中都占有一席之页，由于实行的是分类管理，从而达到教师全员参与，建构了一种班主任管理，任课老师参与的成长册评价机制。任课老师随时都可以根据自己的教学状态选择作品，完善作品。实行科目对口，任课教师各管一块，在每一板块老师们都付出了辛勤的劳动，得到了收获的快乐。他们为每一板块都设计了精美的评价前言，包括本科目当前的学习状态，相关作品的产生缘由以及对孩子们学习本科目的亲情祝语，这样一来，往日严肃的数学也变得鲜活生动起来。孩子们的音乐故事、美术创作，还有各具特色的才艺展示，甚至连最抽象的品德课，孩子们也将自己对生活的感悟，用作品的形式反映出来。成长册内容的收集、编排和保存等工作主要应由学生自己来完成，教师主要指导学生如何去操作，并调控整个过程。学生通过自己的全程参与，学会了反思和判断，因为学生有权决定成长册的内容，特别是在作品展示或运作过程中，由学生自己负责判断提交作品或资料的质量和价值，从而拥有了判断自己学习质量、进步和努力情况的机会。既有助于教师形成对学生的准确预测，方便教师检查学生学习的过程和结果，将评价与教育、教学融合在一起，提高了评价的效果。教师要相信学生的能力，

2.学校、家庭形成合力，共同操作成长册

个别好动、自控能力较低的学生，出现的不足易反复。成长册中"闪光的足迹"月评表将家庭、学校联系了起来，对学生多方面加以督促，不失为一种好的办法。成长册在家校中间便起了桥梁作用，根据学生实际学情，邀请家长在成长册的沟通板块中，共同分析学生存在的问题，并提出鼓励性建议，帮助学生制定下月学习目标，每周对自己的学习状况在伙伴和家长的帮助下写出小结，让家长及时了解，写出意见，再由教师进行评价，鼓励学生把每月的典型作业装进成长册，作为学习中的鞭策，加强了学校和家庭的横向

沟通，对学生既有监督，又多鼓励，使他们取得更大进步。

3.开展学生互评活动

利用班队会学生互评、自评，评选本周进步最大的、表现最好的学生，以达到自我教育的目的，如填写"同伴眼中的我"充实"我的成长足迹"进行公布、表扬、评比，培养学生个人荣誉感，特别是学生互评中要淡化等级和分数，淡化学生之间的相互比较，强调对"作品"的描述和体察，强调关注同学的优点和长处，强调自我反思。孩子的眼睛是最明亮的，也是纯真无邪的，他们对同伴的一举一动记忆犹新，因为他们是站在平等的位置看同伴的，他们的评价不修饰，没有掩藏，这样的评价会使学生从伙伴的身上发现自己和他人的闪光点，这个栏目让学生之间成为真正的伙伴关系。另外，不要让学生的注意力集中在给对方打分数或划分等级上，这样不但无助于学生向他人学习，还往往会造成同学之间互不服气，只关注对方的缺点和不足，评价变成互相挑错和指责。

4.做好期末总结性评价

学期结束，奉献给家长的不仅仅是几张标有分数的试卷，而是学生一学期来充满感动与收获的成长故事，这是沉甸甸的秋实，里面有摔倒后的泪花，更有流泪后的彩虹。一张张充满回忆的作品，留给家长和学生多少遐想和新的希望，如此年复一年，随着学生的成长，其中的作品也在不断更替，会随着孩子们学习经历的丰富而随时抽取、调整，这一完善的过程便是孩子们健康成长的过程。为了使评价不流于形式，需要发动家长成为孩子作品的最佳管理员，每学年将这些精美的作品装订留作成长资料，试想，当学生回首翻阅这些成长路上的足迹，那种喜悦和幸福是别人感受不到的。这种评价体现出强烈的人文性、针对性、启发性，学生从中感到教师、家长的鼓励、关怀、希望，有助于学生自信品格的培养，极大地调动了学生、家长共同关心学校生活的积极性，提高了学生的自信心，对培养学生良好的学习习惯和健康的心态有着积极作用。

四、成长册评价研究的困惑

成长册评价有着很强的人文性和合作性。学生、家长、教师是成长册不断完善的主角，一方面提高学生自我认识与评价能力，同时，学生之间也要合作，这样学生就会从同学身上看到自己的长处与不足，并积极参与到自己与同学的评价当中，达成共同发展的目的。但在成长册评价实施中也遇到了一定的困难，存在着一些困惑，如：1.学生年龄小，对他人评价标准高，对自己却要求低，因此评价不够客观公正。2.个别教师操作欠科学，加重了工作负担。3.个别学生及家长对成长册评价重视程度不够，鼓励效果不大。

卓立先生记

——北京师范大学兰州市西固区中小学校长高级研
修班培训心得

金秋时节，正是北京最美的季节，红叶装点香山，秋意醉满校园。有这样一行人，怀揣梦想的西固校长研修团队，汇聚在中国百年学府——北京师范大学。

余秋雨先生曾说："北师大是书写中国文化史永远绕不过去的学府。"李政道曾说："知中国必知北师大。"借西固区校长研修之际，我有幸走进这所根深叶茂的学府，金秋时节，也是北师大最美的时候。西固教育与北师大成就了一个美丽的约定，为全面提升校长队伍，为打造西固教育名区，北师大教师培训中心为西固校长研修团队量身准备了一系列高层次高水准的培训课程，每一场讲座，每一次参观，都是秋天沉甸甸的收获。

人的一生中错过无数不怕，知遇一位就好。古逢秋悲寂寥，然而今日秋时，更胜春朝。偶遇他，实乃我成长之幸。低调宛若叶舟，大器恰如海洋，无数的青春经他的精心指引而激情四射，无数的梦想经他的助力而扬帆起航，无数的精神追求经他的雕琢而志存高远！他就是我本次研修培训遇到的被称为中国基础教育"四大天王"之一的卓立先生。走进北京润丰学校，感受卓立校长融合生命的和谐教育，阅读这所学校丰厚的历史，我把卓立先生的每句话都用DV

装到了兰州，需要我细细品味，静静融化，对照我教育生涯的每一步，不允许自己虚度当教师的每一个日子。早年刚刚师范毕业踏上讲台的那一刻，心底便已种下一颗种子，要做一位与众不同的好老师，25年的光阴里，我始终不敢忘记对自己的承诺，也许是自己对教育那份独特的情怀，这颗种子在心底静静萌芽，即使无数次碰壁，暴雨无数次地将它浇灭，我始终相信那是一颗能够起死回生的种子，定然会在我的世界里枝繁叶茂。25年的教师之路，这颗种子亲历过西固教育千帆竞发的春天，分享过硕果累累的秋天，本次北京之行，与名家零距离，聆听卓立校长精彩的教育点拨，真正懂得了"怎样当个好老师""要成为一名好校长，首先要成为一名好老师"。本次培训，再一次唤醒我心底那颗沉睡的种子，开始抽枝展叶，为西固教育的百花园增添亮丽。

卓立先生是一位资深的老校长，更是一位时尚的教育者，他的脑海里有着使不完的金点子。面对教育改革大潮，他有着超前的教育预测和改革胆识，80岁高龄的他，依然奋战在基础教育一线。见到这位精神矍铄的老人，内心顿时明朗起来，身体的每个细胞都恰如一缕春风拂过，我的心受到激励，前辈还在卓越地办教育，时代要求我们必须稳健地成长。润丰学校因为名校长卓立的亲自把脉，发展一路风生水起。润丰是小区配套校，有意思的是，小区名是"润枫"，而学校名则成了"润丰"，卓校长将其诠释为"滋润少年儿童的成长，感受孩子们羽翼日渐丰满的喜悦"。作为一代教育家，卓立将生命的热量奉献给了学校，献给了渴望成长的年轻教师和一代代孩子们。众所周知，他生命的每一天是与北京史家小学这所名校

　　　——写给平凡的教师岁月

紧密相连的，这位特级教师此前在史家小学担任校长近20年，成就了史家无与伦比的荣耀。北京小学教育史上的"四大天王"（北京实验二小校长李烈、史家小学校长卓立、光明小学校长刘永胜、北京小学校长吴国通）时代已渐渐成了传说，也将载入北京基础教育的史册。

岁月如歌，像卓立一样的教育前辈"学为人师，行为世范"的可贵品质，影响着一批批师范学子投身于基础教育事业。培训是短暂的，成长是永远的，又是一年红叶染香山，又是一载秋意醉校园。

牵手感动　追逐梦想

——读"心智装备训练营"培训文集《唤醒爱》有感

　　"心智装备训练营"培训已经结束，我的内心依然不能平静，激情依然因其延续。伏案静思，活泼生动而又非常具有启迪和纪念意义的体验式培训历历在目。小游戏蕴含大道理，使平时耳熟能详的团队精神变得内容丰富、寓意深刻，训练带给我心灵冲击，引发我陷入沉思。

　　"静以修身""非宁静无以致远"。外表宁静，因无争给人以祥和之美。内心宁静，因淡泊而思远从容，因而智慧常在。静不下来，则无法有效地计划未来。现代人大多数终日忙碌，是否应在忙乱中静下来，反思一下？一念苦，一念乐，一念得，一念失，我们的心在苦乐得失间无数次地来与去，充满感动的"生命之旅""领袖风采""众志成城"都将成为我们心中不朽的影片一遍遍回放，一次次触动。古往今来，靠团队合作而一举成功的事例可谓不胜枚举，值得我们去借鉴。如果没有团队合作，一群弱小的蚂蚁不可能变成一支横扫南美热带雨林而所向无敌的大型蚁军；心智培训激发出人性无数次的感动，担当与责任，团结与信任自然渗透于每个人脑海，通透于每条神经、每个细胞。和孩子们一起成长，和老师们一起成长，和学校一起成长，应该也是隐含在培训中的目标。这些人生经历一旦融聚在一个人的血液里、骨髓里，灵魂深处，何愁不会拥有强大而丰富的内心？人生最大的遗憾莫过于错误地坚持了不该坚持的东西，轻易地放弃了不该放弃的东西，每一个人都有自己的理想，都有那个期望达到的目标，或许有那么一天就达到自己的目标！生活还在继续，不要忘记微笑地对待每一天，不要忘记珍惜余下的每一天！每个人的人生道路在茫茫人海中不过就是陨落的彗星划过的一道光线，彼此碰撞，彼此磨砺，彼此包容，彼此阅读，彼此借鉴。人生短暂，不要把所有的关系都考虑得那么复杂，不如彼此都宽松一些，包容一些，善意理解别人的不同意见，才能感知生命的意义和内涵。

拜读一篇篇美文，宛如经历一次次心灵的洗礼，这朴实的情感，优美的文辞，源自每位热爱教育、献身学校的校长。每一段神奇的生命之旅，都浸润着包容与友善，良知与反思，行走在字里行间，其中的付出、明理、协作都让我心灵震颤，和着兰州上空飘飞的雪花，我似乎听见地球另一端的声音，那是一种超越想象的穿透力，开启了每个人内心深处早已关闭的那扇门。"遂成枯落，多不接世"，诸葛亮忠告后人，时光飞逝，当自己变得和世界脱节，才悲叹蹉跎岁月，也于事无补。要懂得居安思危，才能够临危不乱。工作中，我们有没有从大处着想，小处着手，脚踏实地，规划教育呢？时间是固定的，无法改变的，每天二十四小时，不多也不少，唯有改变自己，善用每分每秒。请你想一想，你有在蹉跎岁月吗？新东方创始人俞敏洪在谈"树草理论"时激起多少人内心的狂澜，告诉人们应该像树一样地成长，即使我们现在什么都不是，但是只要你有树的种子，即使你被踩到泥土中间，你依然能够吸收泥土的养分成长起来。当你长成参天大树以后，遥远的地方，人们都能看到你；走近你，你能给人一片绿色。活着是美丽的风景，死了依然是栋梁之材。教育这一职业和功名无分，与利禄无缘，但我们仍然坚定而执着地选择了它，把毕生心血倾洒在40分钟的课堂，把毕生精力融化在一堆堆作业中。一批批德才兼备的学生走出校园——此生足矣！曾听说"真正的智慧，可以超越时空，历久常新"，初时不知所以，现在觉得所言甚是。

西固教育，青坛芳菲；名校名师，专心治学。心智教育，一缕劲风，唤醒沉睡的神经，唤醒西固教育的春天。

做一名有追求的教育者

——听崔峦先生讲座笔记整理

时间：2014 年 11 月 24 日

地点：西固西苑宾馆

主题：教师素养培训

初冬，在西固区教育局的精心安排下，西固区中小学的老师们有幸聆听了人民教育出版社编审、教育部课程标准专家组核心成员崔峦先生的讲学。走近崔先生，听他谈论教学前沿最先进的理念，我们如沐春风，短短一天半的时间，一个满怀责任、无私敬业、执着奉献的研究者形象便留在了老师们的心里。先生对教研工作的热爱与执着，对教育的思考与追求，更是令现场老师敬佩不已。现将学习笔记择重点整理如下：

一、识字教学要提速

低年级认字量 1600 个，写字量 800 个，各地反映认、写字量太大，完不成任务，识字在小学阶段有着重要的意义，不识字不能阅读和作文，识字、写字是小学低段教学重点，贯穿于整个义务教育阶段。目前课标所定的识、写字量没有速度要求，步子应该再快点儿。

1.鼓励孩子们在生活中多识字；

2.在游戏活动中巩固识字；

3.加强书写指导，规定每天语文课中有 10 分钟练字时间；

4.打好识字、写字根基，提高识字速度，主要是调动自主识字的积极性；

5.教师在低段找准教学起点；

6.关注孩子词语量的学习与积累。

二、阅读教学要增效

讲座中，崔峦先生总结了小学语文教学改革及其中出现的问题。接着，分学段介绍了各年级的教学目标，他提出的教学目标是最基础的内容，明确了教学今后努力的方向。并强调，教学要有目标意识，要以语文课程标准为指导，以教学总目标、年段目标为准绳，搞清楚、搞明白各个年段的要求。

1.低年段识字、写字的要求不达标，文本分析超标；中年段理解训练不达标，篇的教学超标；高年段在篇的教学中，分析内容作为唯一的内容，缺乏文学的味道，把语文课上成了作品赏析课。

2.精选教学内容是小学语文教学工作的重要环节

（1）语言训练点（低段：字词句；中段：词句段；高段：句段篇）

（2）方法习得点（教给孩子什么学法）

（3）能力培养点（要得到什么能力）

3.教学方法要改进

（1）"1+X"的方法（得意、得言、得法、得能）

（2）群文阅读

（3）单元整组（整体）教学

（4）迁移写法，练习习作

一点建议：根据课标做好保底教学，将课外阅读引进课堂，培养孩子们多读书的兴趣，加强语言积累。就目前阅读教学状态，崔恋老师给现场老师们支招：①文中词语换一换；②好的句式练一练；③抓住留白补一补；④观察插图写一写；⑤段篇文章归一归；⑥文章结构理一理，顺着情节扩一扩；⑦展开想象叙一叙；⑧变换文体改一改；⑨迁移写法仿一仿；⑩加工信息编一编；⑪学习所得记一记。

三、习作教学要开放

崔老师提出，倡导"我手写我口，我手抒我心，减少孩子的畏难情绪"，帮一线语文教师梳理了习作教学四个"三"。

第一个三：

1.低年段从写一句话开始写自己最想说的话过渡到循环日记；

2.中年段习作提倡生活化鼓励学生求真励诚；

3.高年段写成篇作文，关注分段表达。

第二个三：

1.观察社会、自然、生活，养成留心周围事物的习惯；

2.基本的构思能力要形成；

3.语言表达能力个性化。

第三个三：

1.作文前从内容入手，帮孩子解决清楚写什么；

2.作文中从写法入手，什么时候做什么；

3.作文后从讲评入手，激励孩子今后关注哪一点。

第四个三：

1.途径一：强调口语交际与习作教学的整合；

2.途径二：阅读教学中加强语言文字运用；

3.途径三：引导学生生活中习作。

以上仅是个人理解的梳理，我们能从中深切感受到一位将自己的一身心血凝结到小学语文研究中的资深研究者对教育的那份情怀，教育就是生活，生活即教育，崔峦老师为我们传递着一种强大的能量——教育信仰引领教师实现自己教育生活的幸福。作为一线教师，今生也许成不了教育家，但一刻也不能放弃这一追求，努力做一名有追求的教育者。

——写给平凡的教师岁月

无　题

　　我是一个土生土长的西固人，一个西固教育培养起来的小学老师。

　　我的幼年是在母亲的呵护中，伴着姐姐的歌声和听不懂的故事度过的。童年是和已经长大的弟弟每天背着母亲自制的款式一样的布书包上学、放学，听着孙敬修先生的《小喇叭》节目成长的。我们小哥俩一样懂事，一样好学，学校老师对我们非常好，童年便在不停地夸奖中和无尽的幻想中长大。父亲在我读初中时因高血压离开了我们，走进中学的我们开始懂得母亲的良苦用心，我们互帮互学，省吃俭用，习题我用铅笔练完弟弟擦了练二遍……我们兄弟俩约定努力学习，快快长大，减轻母亲的负担。

　　后来，我们一起入团，一起走进师范。再后来，我们一起毕业，一起参加工作，一起约定对得起这份工作，一起努力进取贴补家用，一起成为市级教学新秀，一起成为省级骨干教师，一起成为高级教师……

　　一路走来，都是没有文化的母亲用她瘦弱的肩膀支撑着，母亲经常对我们说的一句话是：自己的命得自己定，自己的路要自己走。一句再朴实不过的话使我受用终身。幸福来自于成长的力量，就像一颗种子拥有了阳光与土壤。我在研究小学教学业务的过程中，在努力走近名师的过程中感受到成长的力量。在日复一日，简单重复的日子里，要保持对教育事业的持续热情，是一件非常难的事。看着曾经的同学一个个离开教育岗位，有的升迁，有的经商，心底里总会升腾起那么一点点酸楚。

卡耐基说过一段耐人寻味的话："发现你自己，你就是你。地球上没有和你一样的人……在这个世界上，你是一种独特的存在。你只能以自己的方式歌唱，只能以自己的方式绘画……不论好坏与否，你只能在生命的乐章中奏出自己的音符。"的确，我们每个人都是独一无二的，只有充分地自我接纳，才能自信地站在人生讲台上，出色地发挥自己的才能和潜力。我是 20 世纪 90 年代的师范生，当时的学校环境至今仍清晰地浮现在眼前，低矮破旧的教室，全校唯一的脚踏风琴是最值钱的教具，冬天里教室取暖的小煤炉、窗户里伸出来的长长的黑烟囱和满脸满手都是黑煤印的孩子们，我以为我当老师的日子也就一根粉笔、一块黑板如此了……改革开放，春雷振宇，校企携手，百舸争流，管乐潇潇，弦乐悠悠，孩子们的笑脸成了校园里最美的风景。面对新时代西固区委区政府提出的打造"教育名区"的号召，西固教育人大手笔推出了一体化、均衡化、特色化、现代化、国际化的教育梦想。在这种令人振作的氛围中，我时刻告诉自己努力做一个值得信赖的人，成为一位紧跟时代步伐的小学老师。

如今走上校长岗位，我唯一的幸福就是能为学校做更多的事情，办一所多年来定格在心底里最美的学校，为每一位老师和学生的成

　　　——写给平凡的教师岁月

长付出自己全部的智慧。我接过校长接力棒的时刻，已经将责任扛在了肩头，我能为学校做什么？我要带领团队去哪里？我能给孩子们怎样的童年？我的每一天都是在思考中度过，不停地思考成了我生活不可或缺的一部分。作为生于斯、长于斯、工作于斯的我来说，给孩子们一个快乐的童年是我的责任。经过半年多的研究与思考，结合学校师资特点，找准课程改革切入点，确定了"学科＋"体艺课程实践研究作为我日常工作的核心。课堂上多了五花八门的乐器，多了花样篮球、足球，多了书法、国画……课堂变了，老师们在一次次高端培训中成长了，孩子们的眼睛更亮了，让孩子爱上体育，融入音乐生活，学习成了一件有趣的事。校园达人秀、艺术达人秀专场，声乐秀、器乐秀等活动蓬勃兴起，教师管乐队、学生百人竹笛队、学生百人武术队、拉丁舞队、足球队等如雨后春笋般成长起来。当一个人全身心地投入到他所挚爱的事业中时，就会忘记一切烦恼，会激发出从未有过的智慧和力量。人的价值不在于干什么，而在于怎样干。面对渴求知识的孩子们，面对努力成长的老师们，我有着使不完的劲，有着不会枯竭的灵感和饱含温暖的激情。每一所学校都有它风雨沧桑的历史，感慨、叹息、喜悦、烦忧……一切最终都化成了我坚定的步伐。奋斗过的路虽已渐行渐远，我对学校的思考依旧在不知疲倦的时光里愈发深沉和持久。

三尺讲台，融进的是辛劳，是陶醉，书写的是师德，是师魂，看到一批批年轻教师成长起来，一批批毕业生羽翼丰满，从校园起飞，此生足矣。

把自己活成一束光

第 N 次核酸检测，第 N 次查验健康码，第 N 次更换厚厚的口罩……病毒以各种姿势蔓延翻滚，整座古城在寒风中颤抖。

今天我值班。在小区门口查验健康出行码、单位证明，逐一做完登记离开小区，一阵久违的轻松从身体每根神经一跃而来。

往日拥堵的西固城静得让人怀疑自己是否在梦游，一阵冷风掠过，路边的杨树叶凄冷地打着转儿飘落在大衣、脚面上，路面仿佛宽了许多，往日一路店铺此起彼伏的音乐声、叫卖声没有了，只有马路边静静摆放的一排排单车在一层层尘埃里站成了雕塑。每次路过新华书店总会看到醒目位置上摆放的新书和进进出出的读者，如今一切像翻过的书页刹那间在眼前消失殆尽。往日热闹的肯德基门口忙忙碌碌的外卖小哥，步行街上各自为政的街舞、曳舞、老年舞团队及天桥上匆匆赶路的上班族，所有的一切似乎在不起眼的删除键下消失了。玉门街这条路我已在来来回回中走了 16 年，从最初街两边低矮的平房和简易店面走到了如今的高楼林立和霓虹闪烁，从来没有如此的寂静过，寂静水一样渗透进街道的每一个细胞里，寂静如暂停键一般速冻了街道的每一根神经，更像一张看不见摸不到的巨网将往日充满烟火的日子分成了两个世界，在这样一个寂静如

——写给平凡的教师岁月

夜的早晨，我像一粒尘在寒风中移动。

来到学校大门口，短短时日，学校陌生了许多，门口没有了三五成群的孩子，只有大门左右贴满的大大小小的疫情防控宣传单，让整个校门孤独地立在那里，如一个期盼孩子回家的老人站在村口的姿势，望着熙熙攘攘的孩子从天桥上走来、从玉门街各式各样的楼院走来……值班保安一如往昔迎了出来，从他那捂得严严实实的口罩后面，依然能听到热情的问候，像刚才离开小区一样测温、查验健康码、鞋底和手部消杀、登记。走进校园，偌大的校园出奇的静，静得让人心生冷清。学校核心雕塑"润贤书卷"静静地矗立在那里，轻轻拂去上面淡淡的灰尘，眼前再次浮现老师们、孩子们每日在晨光中迎着书卷走来的身影。穿过璞玉廊、润书厅、美玉廊，往日总会这儿一群、那儿一簇坐满了聊天、读书的孩子们，而今只有静静矗立在两旁的红漆柱子、披满落叶的树下条凳和寒风中悬挂在廊顶偶尔晃动的灯笼……漫步于劳动实践"润园"，看不到好奇的孩子们围着菜叶上的小虫指指点点的样子、看不到小淘气们偷偷拔下未长大的萝卜奔跑的身影，只能听到园子里寂寞的喃喃菜语。

绕过菜园，信步来到运动场，那熟悉的篮球架、足球门、乒乓球台、移动式篮球筐，还有一只没来得及带走的篮球安静地躺在草丛里，这一切仿佛就是一个舞台，一个刚刚散场的舞台。站在这空空的运动场，脑海里、耳际边曾经那些火热的镜头电影一样开始浮现：孩子们崇拜的足球教练小马老师大哥哥一样带着孩子们生龙活虎地奔跑在运动场，时时传来孩子们传球、进球的欢叫声；小柴老师正有板有眼手把手教孩子们传统武术"八门拳"；班主任王得平老师正带领孩子们热火朝天地晨练呢；还有几个小淘气在长条凳下捉迷藏，孩子们奔跑着、跳跃着，连操场上的每一株白杨树都摇晃着脑袋发出了笑声。

快步走进教学楼，推开教室门，谜一样的静再次涌来，静得让人发冷。推开一间，再推开下一间，桌椅小哨兵一样整齐排列，偶有几块黑板上还有老师的板书和孩子们的练习题在默默蹲守，几个未带走的水杯在课桌上、窗台角落里等待可爱的孩子们到来。我如风一样穿越每一层走廊、每一间教室，整幢楼突然肃穆成了一个谜，一个永远看不懂的谜。我就像一个陌生的客人细细揣摩着楼道里孩子们的每一幅画，每一张照片，孩子们的故事从照片里流淌出来。是的，那一年学校只有一个毕业班、那一年毕业照开始变成了彩色的、那一年学校修建了教学楼、那一年分来了几位新老师、那一年学校的丁香花格外香，那一年……

生活中，有些人把日子过成了诗，面对阴霾也能找到阳光的方向。有些人把自己活成了一束光，照亮他人前行的路。三尺讲台，教书育人，他们是可亲可敬的人民教师；疫情来袭，身先士卒，他们是义无反顾的志愿者。西固区教育系统全体党员干部第一时间响应区委号召，率先垂范，走进社区、楼院，白天迎着寒风送物资，夜里成了小区安全的守夜人。其中，刘雷、盖日昌两名干部，分别进驻山水酒店、英杰纳一帆宾馆集中隔离医学观察点，20余天以隔离点为家，一刻不离，恪尽职守，对隔离人员接收、观察、解除等各环节从严把关、从严督促，让每一名隔离人员享受到家的温暖。更有千千万万的教育人，急孩子之所急，想家长之所想，一夜之间，

　——写给平凡的教师岁月

建立起了线上课堂，客厅变成了讲堂，让孩子们足不出户安心完成学业，相信，孩子们平安返校的那一天，所有的疫魔都会在我们嘹亮的战歌声中化为泡影，融化在头顶明净的兰州蓝里。

你、我、他在无数次冲锋中已化成一首不屈不挠的诗，一束正直明亮的光。

生活随记

西固民俗文化馆掠影

　　西固民俗文化馆坐落在依山傍水的河口古镇，占地总面积 8000
平方米，是一座以收藏、展示西固地区民俗实物，传承西固民俗文
化为主的综合性展馆。馆内有古城遗韵、古城民生、古城民风和古
城民艺四大展区。

　　序厅巨型浮雕向观众展现了奔腾不息的黄河，是孕育诞生古城
历史文化和民俗文化的摇篮。呈现在眼前的层层梯田、古老的水车、
耕种的农人，浓缩了黄土高原农耕文化的精华，铸造了生生不息的
民族之魂。繁华的庄河堡，诉说着商贸重镇的历史变迁。厚重的历
史赋予西固丰厚的文化底蕴，孕育了古城西固多姿多彩的民风习俗。

　　绕过幽深的走廊，映入眼帘的是独具特色的河口纱灯，巧夺天
工的剪纸，古朴典雅的木窗，"古城溯源"展厅即在眼前。一座沉
降式城池横亘在脚下，顿时将您带入了一座古老繁华的市井场面。
这是根据清同治年间古城街巷分布图复原的古城立体沙盘。城外有
护城河，城门之外有瓮城，瓮城也叫屯兵城，是为保卫城门而设立
的。历史上,古城西固经历了四次大的人口迁移，形成了以汉族为主，
多民族融合的地区。作为金城西部的交通要道，独特的地理条件，

成就了古镇数百年的繁荣,留下了丰富的文化遗迹。

"驼铃声声响, 客商昼夜忙"。信步走进"古城商贸"展厅, 云集的商贾、林立的店铺讲述着庄河堡的故事。在明朝中期后的400年间, 庄河堡曾是西出兰州城最大的码头和商埠。据原皋兰县商号统计册记载, 从清末到20世纪50年代初, 庄河堡有各类商铺72家。19世纪70年代, 英、俄等国的经济势力范围扩展到甘肃。大量倾销毛纺织品、布匹、火柴、烟糖等,并大肆掠夺原料。清政府设置了嘉峪关税务司,履行海关职责。民国时期, 为了加强海关事务, 在酒泉、河口等地设置了13个海关支关 (所), 往来客商络绎不绝。旧时古渡口商贾往来, 一片繁忙的景象。古渡青石津, 古称鸣雀峡, 是连接中原和新疆、青海的交通要道, 由于这里两山高耸,峡流湍急, 成了西汉以来横跨黄河最险要、最雄伟的古渡之一。这里常年矗立着一座驼峰状石碑, 当地相传, 在青石嘴对面的黄河中有一块巨大的礁石, 这块礁石酷似一峰卧着的骆驼, 人们把这块礁石称为骆驼石。这块骆驼石能随着黄河水量的大小, 或沉没或裸露于水面。当黄河水量大时, 这块骆驼石就沉没在水下成为暗礁; 当黄河水量减少时, 它就会露出驼峰、驼身, 所以它也是测量黄河水流量的一个标志。

古城遗韵的厚重, 为古城民生的丰富多样提供了肥沃的土壤。经过数千年的演变, 西固先民重农务本, 耕读传家, 逐渐形成了内涵极为丰富的农耕文化。"古城农耕"展厅讲述着西固黄河下川水车的悠远故事。它建于公元1711年, 是西固人刘功及弟子仿造, 是兰州地区制作时间最早、保存最完好的黄河大水车。她饱经风霜，历尽沧桑，越时 300 多年，在西固区委区政府的保护下，已成西固黄河岸边一道亮丽的风景，它的制作技艺已跻身国家非物质文化遗产行列。提起水车，不得不谈到农业生产。一方水土养一方人，"古城作物"展厅展示了古城西固所产水烟、百合、红枣、冬果梨等特产。水烟由绿烟加工而来，古城西固种植绿烟历史悠久。新城川、古城川靠黄河边的水浇地是黄河沿岸产烟地区。如今，水烟推刨和压方磨具在兰州市榆中县尚古城的泰和水烟场还在沿用，在那里我们依然能看到古城西固先民种植和加工水烟的痕迹。百合是兰州的特产，已有 150 多年的栽培历史。它既是营养丰富的菜肴珍品，又有很高的药用价值。全国著名植物分类学家孔宪武教授赞誉兰州百合"味极甜美，纤维很少，又毫无苦味，不但闻名全国，亦可称世界第一"。西固金沟乡属二阴地区，这里山大沟深，气候阴凉，是百合生长的天然宝地。古城西固的红枣皮薄肉厚，核小味甜，远近驰名，达川乡、河口乡、东川乡是西固区红枣产量最多的乡。 2012举办了首届西固红枣节，节会以传红枣文化、游最美枣乡为主题，让各界人士领略红枣文化及黄土风情。

跟随展示流线，穿过民风绘画长廊，来到"古城民居"展厅，这里展示了民居分类、院落布局和生活用品三部分。西固民居有不同的风格，大致分为木构架势和砖混式建筑，院落大都是庭院式布局，一家一院，基本上满足了农户的生活需求。宅基地都选在依山傍水，避风向阳之地，建房也是遵循地理风水，八卦方位。院内讲究门、主、灶协调一致。北面建主房，也叫堂屋，正房。两侧建厢房，厨房一般建在东面，角落里的房子叫阁楼。另外，副展区展现了古城姓氏、婚俗、节日、方言等。古城姓氏历史悠久，内涵丰富。宋元时期就有张氏、柴姓。明代初期和中期是奠定西固姓氏的重要时期。在这里，能看到古城最具代表性的十家姓氏，从家谱、祠堂、家族名人等方面展示。张氏是古城家谱记载中最早来到兰州的。清道光十四年（1834年），家族举人张维典撰书《百分张氏序》和《建寺说》《盐税说》等碑文，叙说了张氏家族的来龙去脉。张氏家谱现存100多册，《张氏家规》是记载族人历史最详细也最具说服力的一册，由民国四年（1915年）族人张尊英编撰。《百分张氏族谱》现存32册，立谱最早的是乾隆四十二年新城镇青春村的《张氏十四分支谱》，其他支谱分别立于清道光、咸丰、光绪及民国时期。

精彩的古城民艺彰显了西固人的欢乐情怀。它浓缩了黄土高原民俗文化的精华，是一笔宝贵的精神财富。

"古城民艺"展区包括古城军傩、古城社火、古城杂艺。"古城军傩"，现为省级非物质文化遗产。傩是古老而原始的祭礼，是古代驱鬼逐疫的仪式。西固军傩可以追溯到2000年前的汉代。当年汉骠骑大将军霍去病远征西域，曾在此地率众将设坛祭天地神灵，祈求甘露普降，为民治病祛疫。受其影响，把远古先民驱魔降妖的文化积淀和霍去病军队为民谋福的历史典故相结合，形成了独具特色的西固军傩舞。本展厅通过照片、实物和视频展现西固的军傩文化。西固军傩服饰沿袭了西汉时期将军和士兵服装的样式，后来又吸取了戏剧服饰的特点，既美观又有历史的厚重感。此外，"古城社火"也是古城百姓生活中不可或缺的内容，主要有太平鼓、舞狮、舞龙、耍旱船、推车子、铁芯子等。铁芯子又名高芯子、高台，是兰州社火一绝。西固区柳泉乡东坪村铁芯子传承历史悠久，2007 年 10 月被列为甘肃省非物质文化遗产，展厅内还能看到第三代传承人陈守文先生的作品《铡美案》铁芯子实物展示。

古老的历史赋予西固丰厚的文化底蕴。许多文人志士也为西固赋诗作词，赞美西固，一起来分享张林炎的《望西固城》：

汉代允君城，当时万骑屯。

河声陶旧垒，山势控平原。

厚重的古城民俗文化源远流长、丰富多彩，这里介绍的仅是冰山一角，随着经济的快速发展，西固民俗文化馆将在深入挖掘中不断丰富，使民俗文化在保护中得到传承，以独特的魅力唤醒历史记忆。它会越来越受到社会的重视，成为西固地区中小学生探究民俗、拓展视野的爱国主义教育实践基地，汇入西固人文精神的大潮，对促进西固地区文化大发展，丰富群众生活，有着十分重要的现实意义。

慢慢淡出的记忆

2015 年，是极不寻常的一年，团队成员或喜或忧一路走来，的确感慨颇多，我们这些平日里站在讲台上描绘生活的老师们，突然置身于大千世界，走进寻常百姓院落里，顿时显得拘束起来。

前段日子，因工作需要几位组员踏上了临洮、榆中、定西、舟曲等地，车子行驶在榆中偏远村落，总会与善意的微笑偶遇。冒着夜晚的冷风，与当地村民在简易的土台上唱歌、跳舞，躺在久违的土炕上，满心都是无法割舍的记忆，纯手工的农村棒子枕头、在记忆中走向边缘的土布炕围，当然还有那缓缓从炕脚传来的袭人心头的热，和夹杂在空气中陈年的草味儿……

一款款枕头顶子上，或淡雅的花草，或华贵的牡丹，一针一线都将幸福织进日子里，织进每一位百姓的睡梦里；千层底老布鞋，磨得油光的楦头，还有那绕满了麻线的撑线锤，当这些赫然出现在我们眼前时，突然感觉这些记忆，在时光流水的冲刷下，正在慢慢变淡……模糊了，陌生了，手轻轻触摸它，一缕沧桑划过，心，隐隐发痛。

有些人，走着走着就散了；有些景，看着看着就淡了。

不想，不忍，这些人生灿烂岁月的印记，就如景如人般随着光阴的流逝，纸船一样漂走，我们这些被城市的纷繁色彩渲染的人们能否用自己的方式将其留住，让更多的人去熟知、去了解、去解读、去品味、去回忆、去畅想……

踏上舟曲这块藏乡小江南，挺拔的高山，浩荡的白龙江，无须粉饰、造作，这里便是一幅泼墨写意，热心的朋友一路引着，走街串巷，曾经的地震已经将许多记忆埋进历史的尘埃，擀汤面、洋芋搅团、炒煎饼的香味依然在农家小院里飘起，热情质朴的老人和陪伴了其一生的古老织布机，实属偶遇，若非提示，也许只是陌生的擦肩而已，纵使相认，兴奋过后，依然不知从何说起。我们只能如孩子般缠着老人讲述一串串披满灰尘的往事，关于织布机，背水桶……太多的话题，很多很多东西，除了梦，已被时光要回，我们找不到交叉的点。真怕走过这一村，一切就只剩下过往的回忆。

徒步在定西的大山里，高远的天空，蜿蜒的山路，山梁上的风，早已吹皱心情的亮丽，半天的行程，组员程鑫终于与你相遇——独轮车。独轮车陪着几代人走过了风，走过了雨，走出村子，走向外面的世界。时光流逝，如今，独轮车在风雨的洗礼中，刻满了沧桑与回忆。

几天来，组员张鑫辗转在舟曲各个村落，看到村中一家庭院的角落里有一庞然大物，周围长满了青草，于是近前，用相机拍下。热情好客的老人说：这是风簸，又叫扬场机，是祖上先前留下来的，现在不使用它了，年轻人可能不知道它的用处，在20世纪五六十年代，人们打麦碾场，扬场，它可派上大用场哩！老人的一番话，给了我们一个提醒，那些五六十年代使用的农耕器具，已经渐渐地被

——写给平凡的教师岁月

现代机械所替代，在岁月的长河里，它们也将渐渐地退出历史的舞台，逐渐消失在人们的记忆里。于是，在我的脑海里蹦出一个念头，更坚定了创建民俗馆的决心，去搜寻那些曾经使用过的农耕器具，诸如石碓、石磨、打地磙子、石碾子、铡刀、木篓等等，只要见到的，我们都会用镜头一一烙印，让这些曾经为我们的生活付出过精彩的农具浓缩在历史的记忆里。

生活由简单到复杂，再由复杂到简单，一曲循环平静如水。

走过很多路，遇过很多人，聊过很多事，发现还有更精彩的事情等待着我们，前方的路，我懂得且行且珍惜，包括陌生的人，陌生的风景，还有那些正在慢慢淡出的记忆……

让社火"火"一把

正月新春社火欢，家家户户喜洋洋。红男绿女彩衫飞，花舫仙姑唤情郎。琴锣鼓瑟震天籁，魃魃鬼魅斗猴王。雄狮闪睛龙吐焰，幸福山歌传四方。

这是我在一篇有关地方民俗的文章中看到的，突觉儿时的社火情景离自己越来越远，原本西固那些带着土味儿的社火场面竟已成为曾经，几千年遗留的民间艺术已被尘封在岁月的记忆中，淳朴厚重的民俗即将被虚幻的现代文明和无尽的利欲吞噬，真不知道，这到底是不是一种进步？

由于工作需要，我们团队成员驱车前往永登苦水镇观看三年一度的社火表演，这天是农历二月二，也是民间俗称龙抬头的日子，我们兴高采烈地跟着人流走进广场。

"嘭——嘭——嘭——嘭——跄——跄"的声音响彻了整个广场，紧随其后的社火开始表演了，当地人待人热情，允许人们搭上梯子爬上自家房顶，我也赶紧上房顶抢了个最显眼的地方坐了下来。

首先迎面过来的是太平鼓方阵，鼓手穿着黄白衣服颜色鲜亮，鼓声威震四方，铜锣清脆响亮，两音合一，形成了美妙的交响曲，预祝来年天下太平。紧随其后的是只有小时候才见过的"铁芯子"，作为一种民间艺术，多为戏剧人物，装饰一个台子，反映一个故事。由小孩装扮的人物均按戏中人物造型穿着、打扮、化妆，稚嫩的小孩，经乡间艺人巧妙地装扮后，造型别致，惟妙惟肖，寓意丰富。值得一提的高跷，是民间盛行的一种群众性技艺表演，永登苦水的高高跷，要挑身体健壮机敏灵活的小孩子，从小练起。一开始先踩小高跷，熟练以后，踩中高跷，到了十六七岁才开始练踩八尺到丈二的高高跷。名著里的人物穿着戏服踩着高矮不一的高跷，人们的身旁布满了森林般的高跷腿，有些演员走累了，索性依古镇红砖青墙一排子坐在房顶或墙头晒太阳，别有一番情趣。舞龙将社火表演推向了高潮，南街百姓扎青龙，北街百姓扎黄龙，在苦水街舞起长龙，人们蜂拥而上抢着钻龙，老人抱着小孩，大妈们你推我搡，年轻男女手拉手留下笑声一串串，听旁边老人说，钻龙和钻狮子都是一个意思，表示在新的一年里能祛病消灾、平平安安、一帆风顺的意思。

表演是短暂的，记忆是久远的，我们从心底呼唤，不要让丰富的民俗文化孤寂地隐退，她很丰厚，也很脆弱，需要你我精心呵护，让它们在这个融合各种时尚元素的时代里熠熠生辉。

灯　缘

——西固灯会拾忆

下雪了，灯亮了，人笑了。

夜幕低垂，银雪飞洒，地上的银河亮了。街头巷尾，人头攒动，天上的鼓乐响了。听，那是来自天国的声音，四面佛、观世音将天堂的祥瑞化作朵朵精灵般的雪花，降福人间，祝福金城。看，繁星点点，光影交错，是袅袅的人间炊烟，还是来自太空的眼睛。

一路走来一路笑声，一路赞叹一路祝福，嘉峪关城楼下话西域，福娃城中赞圣火。是灯，将远方的客人牵扯而来。我来自上海，他来自凉州，我来自海南，他来自陇南……不论远近，只要你步入西固，即可享受到热情好客的西固人为您捧上的节日盛宴——灯火盛会。顿时，你会忘却旅途的疲劳，与我们的心贴得好近，因为这流光溢彩的灯是你我心中难舍的缘，那样深、那样亲，因为这古老文化的灵动呈现，使西固这座古城在您心中熠熠生辉。

一条银灿灿腾空而起的巨龙出现在眼帘，背上彩灯笼罩，浓厚的光影滚滚翻腾，腹下银花朵朵，恰似巨龙浮出水面。近看，巨龙周身由瓷盘、瓷碟、瓷碗、瓷勺等扎制而成，真可谓匠心独运，雄浑天然。夜逐渐沉下去，灰白的寒雾从地面散漫开来，随着光影的游动，瞬息变化着色调，游人奔跑、跳跃、追踪着雾影的变化，抢拍下一张又一张奇幻的照片。一只色彩艳丽的凤凰从雾中翩然而至，它的华丽与妩媚令游人心喜欲狂，周身的羽毛晶莹透亮，恰如缥缈的轻纱，闪耀流动的色彩。谁说此景只在大上有，好一派龙凤呈祥、瑞气兴旺的人间奇景。放眼望去，水车，这张古老的黄河名片，在静穆中诉说着黄河儿女的奋进史，在盛世中喧响着悠悠古韵。多少年来，它是一首悠远的诗，记录着兰州人奋进的昨天，更是一曲激昂的歌，演绎着兰州人灿烂的明天，显示出"和汇百流，九曲不回"的兰州精神。

飞舞的雪花，这来自天国的精灵，也按捺不住天宫的寂寞，悄然而至，融入这盛世红尘，点缀在灯影、人影里，欣赏着祥和的人群和闪耀的彩灯。青年人扶着老人、抱着孩子徜徉于这人间银河，恋人们手挽着手，如流星穿梭于其中，灯影、人影、乐声、笑声和着漫天飞舞的精灵，构成了一幅立体的天上人间共享盛世图。

看灯，交兰州朋友，赏灯，品兰州精神。

无论来自何方，大家都会在庄严的四面佛、和善的弥勒佛、慈善的观世音跟前许下一个不变的祈祷——中华强盛。不管南腔北调，大家都会在水车旁、彩门边唱响心中同一首歌——盛世中华。即便你是过客，也会驻足欣赏，拿起相机，留下你的笑靥，带走我的热情。

兰州·西固，将成为您心中那张永远值得珍藏的名片。

空中雪花纷舞，地上灯火阑珊。

雪晶莹了家乡，灯敞亮了人心。

电波里话民俗

　　西固民俗文化馆宛如一颗熠熠生辉的文化明珠镶嵌在依山傍水的河口古镇。2016 年 10 月 19 日，西固民俗文化馆工作组牟作林和达文梅两位老师捧着清华大学美术学院设计精美的宣传册走进兰州广电总台生活文艺广播"天天向上"栏目直播间，与主持人童瑶就建立西固民俗文化馆的初衷、民俗馆展现内容和即将产生的社会效应展开讨论，同时向全市人民推介西固民俗文化馆建馆理念和独具特色的民俗亮点。

　　直播间里充满了浓郁的民俗话题，作为嘉宾，作为普通的西固人，两位老师带着对家乡的特殊情感，畅谈自己对西固民俗文化的静静守望与至真情怀，节目紧紧围绕主题"让百姓了解民俗，让民俗沉淀社会"步步深入。这是一个日行千里的时代，科技飞跃的节奏，让许多传统的民俗元素在时光里渐行渐远，甚至很少有人在一日三餐里关注到那些离我们愈来愈远的民风民俗。悄然消失的东西太多，一样物件、一个习惯、一种方式、一些过往……很多曾经影响和推动着社会发展的民风民俗值得我们用独有的方式去珍藏、传承和保护。从两位老师热情洋溢的谈话中，知道这是一次充满挑战的经历，每一件民俗物件的获得都要走到田间地头、农家院落；认

　　——写给平凡的教师岁月

真考证，才能实现完美布展；每一段文字都需查阅资料、走访专家，慎重推敲，才能最终定稿。这座综合性展馆占地面积8000平方米，建筑面积2100平方米，展区面积1800平方米。展馆分古城遗韵、古城民生、古城民风、古城民艺等4大展区，共22个展厅。馆内收藏民俗物件200多件，经典图片400余张，场景模拟和艺术品170多件，浓缩了黄土高原民俗文化的精华，铸造了生生不息的古城民族之魂，是一笔宝贵的精神财富，将为西固传统文化发展添上浓墨重彩的一笔。

两位嘉宾从百姓人家谈到民俗专家，从衣食住行聊到民风民俗。曾经的古道驼铃、固若金汤的城池和街巷、旧时繁华的古道古渡、充满传奇的古城历史……在直播间里通过电波传到了千家万户。带着对民俗文化的热爱、带着对西固民俗文化馆的无限憧憬，伴着直播间优雅的音乐，节目走近尾声。相信，随着经济的快速发展，西固民俗文化馆将在深入挖掘中不断丰富，在传承中得到有效保护，它将以独特的魅力唤醒历史的记忆，越来越受到社会的重视，成为中小学生探究民俗、拓展视野的爱国主义教育实践基地。

西固民俗文化馆的建成，对促进西固地区文化大发展，丰富群众生活，有着十分重要的现实意义。

我的自豪我做主

——儿子与成长册

回想儿时的我，少言寡语，见到生人就怕羞。虽然，上学期间，得到过老师有意无意赠予的学生官，可总是以不能"秉公执法"而告终。

时常与妻诗一般地描述着今后儿子的英姿，可已六岁的儿子像挑着我俩的忌讳整合而成，他的怕羞与胆小似乎是我小时候的翻版，我们只好把满心的希望化成了对他默默的祝福，愿他能学得轻松、玩得开心、长得健康。还清楚地记得，上一年级前一天的夜晚，我与妻商议为儿子制作了成长录。希望从他点点滴滴的变化中，感受喜悦、收获幸福。

带着改变儿子的心愿，也带着成就儿子的愿望，每天和儿子共骑一辆车，往返于学校和家的路上，晨光中、夜色中、风中、雨中，我们互相成了对方的影子。我不希望他有多么了不起，却希望他是一个鲜活的自己，我始终在用百分的努力鼓起儿子一分的勇气。我常常对他说："别怕，爸爸会和你站在一块儿。你永远不会孤单，不会软弱。"上一年级的他，识字量很少，每天回家我们便坐在一起回忆今天的欢乐与收获、过失与原因，用他仅会的拼音写下简短的记录，装进我为他制作的成长册，虽笔触稚嫩可也是一串闪光的足迹，点缀着他生命的每一步。翻开这本成长册，我仿佛在经历一次甜美的生命旅游，那还未长齐的牙齿、第一次佩戴红领巾的兴奋、从歪扭到工整的铅笔字、充满想象力的绘画作品，还有那亮闪闪的一张张奖状，更值得一提的是老师、同学送给他的一面面小红旗、一朵朵小红花和那一句句充满鼓励的话语。阅读这本成长册，品味其中丰厚的内涵，我的心中溢满了感动。我像孩子一样视其为宝贝，每每翻阅它，我的眼前便油然上演起儿子成长历程的电影，恍然间，我收获了他装满童话的眼睛，津津乐道的未来，是啊，这不仅仅是一本成长册，它是孩子生命历程中的一面镜子，装满了阳光灿烂和引以为荣的成绩，更折射出孩子失败时的泪水和一次次跌到后站起来的影子。我的生活、我的每一天的日子，充满了儿子，甚至他的每一次失败，都会成为我记忆里丰厚的财富。时光如风，一幕幕似乎还于昨天上演，儿子已是五年级的小伙子了，我们依然共同踏着晨光，一起披着夜色，时间沉淀着我俩信任、依存、美好的父子之情。他的单纯让我感觉生活还是那样纯净，他的执着让我感觉自己依然充满阳光，他的善良让我感觉踏实自在，他的好学上进让我感觉浑身是劲。是啊，他不仅仅是我的儿子，还是我生活中最重要的动力。在整个成长册制作完善的过程中，儿子是我课改实验的见证，从第一张涂鸦作品开始，他便走进了我的成长评价实验，也从那时起，我暗下决心要和儿子共同走好每一天。新教材图文并茂，诗一般的语言，色彩丰富的插图，为我与儿子的交流提供了丰富的材料。儿子喜欢画画，成长册的绘画版块成了我们共同描绘的天地，他画的"神州号"富有个性、设计的冰花充满童趣。学了《蚂蚁和蝈蝈》，我们画出了蝈蝈第二年吸取教训，辛勤劳作，享受冬天的画。还有狐狸与乌鸦的第二次见面……这个版块成了我们享受语文、共同学习的美好天地。看着儿子的变化，我静静收获着喜悦。这本精美的册子是一条折线，它诉说着孩子每个成长阶段的风雨和彩虹，更是一条射线，不断为孩子确定奋斗的目标。每每看着儿子能说会道、谈天说地的情景，我就会收获满心的成功。同时，我也感谢苏教版教材为孩子们提供了广阔的学习空间，它为老师和家长之间架起了一座轻松沟通、了解孩子的桥梁。

成长册已走入课堂，记录与评价也在全校铺开实验，看到每一个学生幸福的笑脸，看到自己的实验在全校普及并赢得老师们的认同，那一刻，我心中充满了自豪。这一切，我应该感谢儿子，是他给予了我生命的动力和创造的灵感。

学校、家，儿子、我，晨光、夜色，将成为我生命中永恒的主题，这一切都默默融化为成长册的一部分，成为儿子生命旅途中新的起点和坐标。

——写给平凡的教师岁月

写给儿子的励志信

儿子：

你辛苦了。爸爸知道学习是件苦差事，你却在奋力地登攀中品出了其中的甘甜，我为你自豪。

看着长大了的你，我突然觉得和你聊天的机会越来越少了，我忙于工作，你忙于学习，我们两个似乎淡忘了对方。今天，收到学校的这份特殊作业（亲子信件交流），我真的从内心里感到喜悦，好想和你借这封信享受一下最贴近心灵的对话。

你虽然已是高中生了，但在我看来，你毕竟还是初出茅庐，所以，我总喜欢在你耳边唠叨几句，每每看到你无奈的神情，我的心也便无奈至极，便作罢了。你小学的每一步，都是老爸脑海里最完美的空格，我明明知道，现在你已成为一个大小伙子了，但我还会不经意地从办公桌里拿出你的成长册一遍遍翻阅，一遍遍欣赏，因为你走过的每一步都装满了灿烂的阳光和老爸的祝福。时光如风，一幕幕似乎还在昨天上演，你已长成了男子汉，你的单纯让我感觉生活依然纯净，你的执着让我感觉自己依然阳光，你的善良让我感觉活得踏实自在，你的好学上进让我感觉浑身有劲。

儿子，这个世界丰富多彩，也充满了各种干扰和诱惑，老爸想放开手让你去感悟，但又怕你走错任何一步，哪怕一小步。我的话绝不是危言耸听，你一定要学会交诤友，互相支持，一起进步。说到这里，爸最担心的是你能否热情地、阳光地、健康地度过你的青春期，学会做一株健壮的树木，做一个真正的男子汉。

现代社会，最难的事是与人沟通，要学会与父母家人沟通，与老师同学沟通，与社会沟通，要知道，一个不懂沟通的人，是十分可怜的，会失掉许多成功的机会，生活中最大的敌人是自己。

至于你说到的学习中的粗心以及功课越来越难，都不是大问题，因为我始终相信你的学习潜力。从你幼儿园每一件手工作品到小学的每一篇习作，再到初中每一次攻克难题，已经展示了你最优秀的一面，这一切都是老爸自豪的资本。

儿子，就此停笔了，爸还有很多想法，啰唆了很多，不要嫌烦。老爸为你写过许多文章，这也算是一篇吧，其中饱含着我对你最深切的祝福。希望你珍惜现有的一切，不怕吃苦，和老爸一起自信、健康、快乐地走好每一天。

爱你的老爸

2013 年 6 月

我的母亲

今天是母亲去世三周年纪念日。我怀念我的母亲！

母亲生了我们 7 个子女，按岁数推算，母亲 40 出头了又生了我，想想在那样一个缺吃少衣的年代，母亲拉扯我们长大是多么不易。

母亲的娘家是一个穷苦的庄户人家，据说她是姥姥生在地头上的，这似乎也注定了她劳碌辛苦的一生。从我记事起，总看到她忙碌劳作的身影，没有停息过，直到她老得再也做不了事，就到了生命的尽头。母亲兄妹也是七人，要说性格最好的就数我的母亲了，与兄弟姐妹们都能友善、和睦地相处，我不记得她与她的哪位姊妹吵嘴红过脸，倒是他们有了口角或纠纷的时候，母亲总是从中说和或劝慰，所以兄弟姐妹们都愿意亲近她。旧时的、穷困的大家庭里长大的她首先学会的就是隐忍、谦让，忘了自己。如果说她对我们最好的教育影响是什么，我想应该是多做事，少说话吧！

母亲嫁给父亲时还不到 18 岁，小小的年纪就担起了养家糊口的重担。听我两个大一点的姐姐讲，我从未见过面的那位奶奶大人是个治家严厉的角色，对过门的媳妇是百般挑剔、万般的刁难，端上去的饭碗随着恶毒的咒骂泼你一身是常有的事情。我的大伯母据说就是因为婆婆实在难容，在生下第二个儿子后就离家出走了。或许是我的父亲还能稍稍护护我的母亲，或许是大伯母的出走让奶奶的言行稍有收敛吧，反正我的母亲总算是挨了下来，可又负担起了抚养两位堂哥的责任，这样一直到生了我两个姐姐后才分家单过了。这些事后来是母亲常常念叨的、姐姐们也时常说起的，我们总是当茶余饭后闲聊的话题说说笑笑。现在细想想，当时的母亲是经历了怎样心酸的日子啊。

父亲在我刚上初中的那一年就去世了，在去世前的几年里，父亲因为脑溢血偏瘫卧床，家里少了劳动力不说，给忙里忙外的母亲又增添了新的任务——端茶递水、接屎接尿、翻身擦洗……好在后来父亲能起身下床了，看到母亲欣慰的微笑里是满含的期待，我们也感到高兴，可父亲的身体已大不如以前，一下子衰老了，佝偻着身子，拄着拐杖，一步一步地挪动着……说话也不利落了，尤其是性情变得易怒、暴躁，渐渐地使幼小的我慢慢对父亲多了些怨愤，看到父亲有时的无事生非，对母亲、姐姐们无端地谩骂责怪，我常常气得怒目而视，每当这时母亲总会不留余地地数落我，怪我不懂事。尽管这样，母亲的脚步较前轻快了许多，在安顿好父亲后又接着下地干活，家里家外大大小小的事情哪件能让她闲上片刻呢？地里的农活不等她，家里的开销却等着她，她不忍心看着孩子们跟她遭罪受苦，她要马不停蹄地多干活，争分夺秒地多干活，唯有这样才能减轻孩子们的负担，让苦日子有盼头。五十几岁的女人，和男人们干着一样的重活、累活、脏活，翻地耕作、淘粪拉车样样农活前不怯手、不惜力……

　　　　——写给平凡的教师岁月

母亲身形瘦小，到老年时身高大概一米五都不到吧。也许是常年劳作的缘故，或许是上天唯一的眷顾，母亲的身体一直很硬朗，没有什么奇症怪病，只是偶尔的感冒而已，真是我们姐弟的福气。我常常喜欢伸开双臂从母亲肩后拥着她，如抱着我的孩子一般，倍感温暖，也让人心疼。我惊异于这娇小、干巴的身躯里怎么会迸发出那么大的能量。记得一次往家里搬煤，装满了煤的编织袋足有八九十斤重吧，我紧攥着袋口吃力地挪移着，母亲看到了，怕我闪着腰，让我去装袋子，自己蹲下身去，用头紧紧抵着煤袋子，双臂搂紧，猛一使劲就抱了起来，当时我真惊讶母亲哪里来的这么大的力气！还记得和母亲下地的几次，她不像隔壁人家的母亲一样，一边驱赶着自己的孩子下地干活，一边还不停责怪"光知道吃不知道干"。到了地里，母亲一头就扎进了农活里，忙这做那的，我和最小的哥哥在边上爱干不干的，她全不在乎，从来不驱使我们，也从不刻意地教做什么，她常说：让你们来不是做多少活的，主要是陪陪我，看着你们在边上，我干活就不觉得那么累，那么苦了。当时的我们总是窃喜母亲的宽容，现在回想起来，我经常是热泪盈眶。母亲心底的寂寞、无助在当时谁又能分去一分呢？

母亲的坚忍是她对生活永远充满信心。日子再苦她不叫屈，生活再累她不说苦。她和几个姐姐、哥哥们起早贪黑地辛劳着，虽没有换来多少好的生活，但总能让我们吃饱穿暖地去读书上学。7个孩子里，我们都能凭自己的意愿读书上学，没有哪一个被母亲因日子艰难而中止求学，除我二姐外。我二姐当年因为孩子年龄太接近，又遇家庭经济拮据，为了照顾弟妹、帮衬家里给耽误了上学的年龄，这是母亲心里永远的痛。偶尔当二姐抱怨时，母亲总是默默地听着不吭声，她是心疼啊，觉得亏欠了自己的孩子。所以平时母亲总是和二姐说话多一些，我们姐弟几个也总是觉得有愧于二姐，心里祈盼着二姐的生活能风调雨顺。说到这里，我想起母亲常常对我们说的一句话：都靠你们姐弟几个姐姐抱弟弟、哥哥拖妹妹地帮衬着挨过了苦日子。言语之中满是真诚和感激，听着我们心里又一阵心酸，回想走过的风雨之路，母亲的含辛茹苦又怎样量算呢？母亲的默默付出谁又能予以回报呢？

　　一次和母亲闲聊，说起在一个冬日，她送我走夜路赶车去学校的事情：上初三时，我转学去了离家很远的一所中学，一天老师通知我，要在第二天上课前把我以前学校的学籍证明送到学校，好办毕业升学的手续。当天下午我请假回原学校拿到了材料，因天晚没能赶回去，只能等第二天一早赶早班车去学校了。天没亮我就动身了，母亲一定要送我，因为要走近两个小时的山路才能赶到有始发车的西固城，我心里着实有些害怕，就不再坚持。天黑咕隆咚的，山下灯火闪烁，我们周围却伸手不见五指，脚下深一步浅一脚的，走了很长时间，终于到了车站，母亲嘱咐了我几句就转身顺原路返回了。天还是那么黑，看着母亲疾步消失的背影，我觉得母亲那么强大有力，丝毫没去体会她一个人走夜路是否会孤单，是否也会害怕。后来，我问母亲：你害怕吗？母亲笑笑说："怕呀，我走到山路转弯的地方就不敢走了，坐着等有路人的声音才又继续走。"母亲在孩子们面前一直表现得那么坚强，或者是我从没去用心观察和体会的原因吧，我不曾见过母亲有过胆怯、气馁的时候，但在不知不

　　——写给平凡的教师岁月

觉中，母亲的确是渐渐地衰老了，不再是我儿时记忆里那能量无穷、颇有气力的强大的母亲，青筋暴露、关节粗大的那双手开始变得绵软无力，气力已大不如以前，饭量日益少得可怜。她还是日日盼着离家的我们能多多地回来，围坐在她的身边说说笑笑的，但明显感觉到她已陪不住我们闲聊了，很疲倦的样子。看着母亲在听我们说话的声里微笑着睡去，我们止住了声音，悄悄地散了……母亲劳碌了一辈子，现在终于可以歇一会儿了。

在邻里间，母亲是一位人缘极好的老人。她是邻家孩子们慈爱的奶奶，她一生都爱孩子，爱自己的孩子，也爱别人的孩子，回家看望母亲时，时常能看到在院子里玩耍的邻家孩子。年轻的媳妇们、和她一样年迈的老婆婆们时常是她的座上宾，若遇到我们待客人礼数不周的时候，母亲会很生气，会找适合的机会厉声斥责我们。若是在一个夏日的傍晚，你来到母亲的小院，会经常看到来自街坊邻居的婶婶、兄嫂们散坐在那里纳凉聊天，母亲和我们都很热情地招呼着他们。她善待她遇到的所有的人，熟悉的，或陌生的，她不会让上门的乞丐失望而去，也不会让上门来的化缘人空手离去。年老的母亲也烧香拜佛，但她不痴迷神佛，她说"自己的命得自己定，自己的路要自己走"，任何时候她都不会为自己着想一星半点，她之所以这样，是在用自己的方式为子孙祈福，这就是我的母亲。

上中学时，在读到朱德的《我的母亲》一文时，我看到我母亲的影子；在思念母亲的今天，我又一次翻开了朱德的《我的母亲》，努力地找寻着我的母亲，一幕幕，一件件，如昨日……她们如天下人所有的母亲—— 一样的勤俭持家，一样的慈祥善良。

我们兄弟姐妹是生活中很普通、很平凡的人，但我们的母亲确是伟大的母亲。她给了我宝贵的生命，影响着我待人处事的态度，是我人生中最重要的一个人！母亲的小院里依然花草茂盛，母亲的房间里仍然暖意浓浓，可我慈祥的母亲却永远地离我而去了，我将从哪里再拥抱我可爱的母亲呢？

怀念我的父亲

　　在母亲的三周年祭日之际，我写了《我的母亲》一文，之后我一直也想写一篇怀念父亲的文章，结果却迟迟未能如愿，其中的原因倒不是挤不出时间做这件事情，实在是觉得"父亲"这一个称呼于我居然那样的陌生！父亲那两个字眼与我竟然那么的遥远！所以总是提笔不能……不是吗，父亲离开我们都30年了啊！那些脑海中关于父亲的残存记忆已被岁月的流水冲刷得丧失殆尽，每每这时我都感到一阵阵惶恐：一个人的生命记忆里怎么能缺失父亲的痕迹呢？一时觉得这是再也不能耽搁的大事，我试图用文字锁定如水的时光——追忆我早逝的父亲……

　　最早关于父亲的记忆是什么呢？我努力地回想着……那应该是父亲生病之前的事情，在一个暮色深沉的傍晚，母亲下地回家后匆匆地做好了晚饭，一家人只等晚归的父亲了。这时，院门哐啷一声被撞开了，从门外挤进被如小山样的柴草捆压弯了腰的父亲，他步履沉重地往里赶了两步，缓缓矮下身子，把柴草捆放在了地上，然后一言不发地慢慢抽出了捆着柴草的绳子，突然，父亲一只手抓住了一旁的四姐，另一只手抡起折成几折的绳子狠狠抽了下去，这时坐在房屋台阶上的我吓得张大了嘴巴，即时四姐的哭喊声充斥着我的耳朵，母亲从厨房门里快步跳出来喊着冲到了父亲跟前，护着已挣脱的四姐，伸手想夺下父亲手里的绳子，父亲甩手推开了母亲，气急败坏地指着四姐吼骂着，一时间嘈杂的吼骂声、指责声、辩解声从小院传向四周，响彻夜空……父亲是怪四姐没搭手帮他——这就是在我刚记事时父亲给我留下的印象，一个不堪生活重负，脾气暴躁、寡言沉默的男人。后来在姐姐们聊天提到父亲时，经常说到的也是父亲如何为打碎一只碗不依不饶追打她，父亲怎样不顾及家里条件执意要置办过年的衣裳啦，还有父亲不顺应形势拒绝参加生产队的政治会议呀……凿凿的言谈中有的是责怪，是埋怨，甚至是嫌弃……作为他最小的孩子，我已不记得有过被父亲拥抱亲近的镜头，我想这应该是有过的，可印象中，他对我就如院里自顾跑玩的小鸡一样漠视，好在有姐姐哥哥们的陪伴爱护，我一度也忽视了父亲的存在，吃饭穿衣有姐姐们，读书写字有哥哥们，委屈孤单了就偎在妈妈的身边，对父亲没有依恋，也没有怨恨，觉得所有孩子的父亲都是那个样子的——是一座远视的高山。

在一个烈日炎炎的午后，我心目中的这座高山岿然倒塌了。那天，父亲一早就被派往山上干活，午饭的时候，他如往常一样回家了，结果一头倒下就昏迷过去……经查是高血压引发的脑溢血，家里人一下子乱成了一窝蜂，当时具体的情形我记不得了，只知道醒来后的父亲已不能起身下地，整日瘫睡在炕上，吃饭喝水需人端来喂他，拉屎撒尿要人接送帮他，忙碌的家里徒增了大块的愁云，一个个轻言慢语，一个个眉头紧锁，刚刚醒点事的我怯怯地远远看着父亲，心里满是恐慌，如大难临头一般惴惴不安……日子一天天过

　　——写给平凡的教师岁月

去，母亲和家人四处求医问药，一天天夜以继日地精心服侍，老天开眼，父亲渐渐能下地了，能拄着拐杖去厕所了，慢慢地还能出门溜达串串门了。病后的父亲性情全变了，他不再动辄发火骂人，变得安静、温和、听话，印象里总是静静地坐着，我们会扶他在房屋台阶上坐着晒会太阳，会搀他去树下的阴凉处乘凉祛暑，会按我们的嘱咐去邻近的亲戚家串门散心……他变了，步履蹒跚，目光呆滞，常常只是坐着，看着，一天看我在院子里用鞭子抽陀螺玩，他不知从什么地方找来一段木头，用刀子一下一下地削着，几天后，终于削出一个式样新鲜的陀螺来，陀螺上端坐着一只惟妙惟肖的猴子，他扬手招呼我过去，满面微笑地递给我……后来我逐渐地明白：我劳累忙碌的父亲心里是疼爱他的孩子们的，只是无暇也不懂得用温情的方式表达罢了。

父亲是一个心灵手巧的人，至今我还保留着他亲手打磨的一个石质鼻烟壶，黑色细腻的底色上布满白色如云的花纹，拿在手里沉甸甸、冰凉凉的，令人喜爱。他一辈子侍弄庄稼，精通果树的嫁接、培育和养护技术，记得我家的小院里就栽种着一棵底下是麻皮梨上面是冬果梨的果树，栽种着一棵酥木梨、软儿梨和俗名叫吊蛋子梨混杂于一体的果树，在南边的院墙旁还有两棵桑树、一两株花椒树什么的……在果子成熟的时候，我们姐弟几个品尝着不同时令下的鲜果，相信此刻是父亲感到莫大欣慰的时候。父亲是个老实本分的庄稼人，日出而作，日落而歇，只晓得为了一家人的温饱马不停蹄地终日劳作，他不懂得土地庄稼之外的世事变化，却也明白在一年到头的时候应该让家人吃口好吃的，做件新衣裳，所以才不顾母亲的反对，姐姐们的不解，从省吃俭用下来的年终结余里张罗着我们过新年，辞旧岁。现在想想，父亲虽然是土生土长的庄户人，却从没土头土脸、邋里邋遢的，穿着一直是整洁体面的，就是在他病后的日子里，也总要母亲按时给他剃头换衣，虽然是拄着拐杖，但面目洁净，衣衫清爽，腰背永远挺直。我为我的父亲感到骄傲，因为他面对生活的磨难，永远那么坚强，永远那么乐观！我感激我的父亲，是他让我明白了生活再苦，日子再累，都要给家人以支撑和力量，尽好丈夫的职责，做好父亲的榜样。

父亲日渐衰老了，老态尽显，说话前言不搭后语，做事也丢三落四的，有几次竟然把我的书本扯了卷旱烟来抽，面对父亲我始终心怀畏惧，只好哭着去找母亲评理，母亲起先也斥责父亲老糊涂了，后来也只是嘱咐我收拾好自己的书本，别去怪父亲。我在多年以后才明白，父亲脑溢血的后遗症是越来越重了，种种反常举动都是老年痴呆的症状。不久的一天，父亲又一次倒下去了，直到他生命的最后一刻，再也没能起来。那时他还不到 60 岁呢，而我也仅仅十一二岁……

父亲终劳一生，平凡又普通，最大的功绩是含辛茹苦养育了我们 7 个子女。为人子，他行孝道；为人夫，他鼎力相助；为人父，他的爱如山。父亲出殡的前夜，电闪雷鸣，大雨滂沱，那是他不忍撒手而去啊！在父亲的灵柩前，我放声痛哭，到此刻我才感到父亲于我是多么的重要，觉得真是天崩地陷一般，想到自己小小年纪就将是一个没爹的孩子，我感到如崖边的小草一样凄凉、无助，心里空空的，没有了支撑，没有了一丝力气……很长时间，我一直走不

——写给平凡的教师岁月

出失去父亲的忧郁而痛苦的情绪困扰。

随着岁月的流逝，如今的我也已步入中年，关于父亲的记忆则是日渐淡薄了。我是父亲老年得子，有记忆的仅是父亲生命最后几年的影子，因为没有照片，我从没有见过父亲年轻时候的模样，虽然父亲这一个称呼于我已是那样的陌生！父亲那两个字眼与我又是那么的遥远！但在我魂牵梦绕的思念里，一次次惊诧生命的传承竟然如此奇妙和契合，我的性格养成中竟一直是有父亲的影子的，当听姐姐们说我长相最最酷似父亲的时候，当听到说我的脾气性情就像父亲的时候，我从不觉得有丝毫的排斥，只觉得自己的生命似乎与父亲根系相通，一时竟是那样的蓬勃而有力量。我为自己的生命中有父亲的影子而欣喜，因为有了父亲的陪伴，我的脚步才会更加的坚定有力，人生才会更加的光彩炫目！

我爱我的父亲。

向春天挺进!

百姓的欢歌融化在大美关山的层层梯田间

乡村的安详隐约在达川三江口天鹅的曼妙舞蹈里

秋天收获的信件悬挂在西固笔直的银杏大道旁

古城百姓的喜悦跳跃在金城公园的山水亭台上

这就是温暖的、充满朝气的工业城——古城西固

追随着金秋的脚步,病毒魔一样渗透进寒风里,咆哮而来

以极不和谐的色彩侵蚀着如画的古城

滔滔的黄河依旧奔腾不息,歌唱着古城繁盛的昨天,英雄的工业城却停止了机器的轰鸣

转瞬之间,街道凝固了、车流冻结了,笑容藏进了口罩里,人们棋子一样定格在小区、单元和每一户家庭……

忙碌的工作中,总是在日历中张望休息日

毫无准备,飘溢着烟火气息、车来人往的古城突然停止了匆匆的脚步

才发现一直想拥有的宅家并不是这个样子

在家待着不出门,这样一个简单的动作也如此不易

因为这连通着古城的每一根血管,关联着每一个生命的安危

——写给平凡的教师岁月

"我们从古以来，就有埋头苦干的人，有拼命硬干的人，有为民请命的人，有舍身求法的人……这就是中国的脊梁。"

用力量把力量传递，用生命把生命点燃

你我他是战"疫"大军中的一员，我们都是志愿者

一次次核酸检测，一遍遍查验健康码，一户户摸排登记，一天天小区守夜，

守望相依，成为古城健康的一道屏

病毒在城市的缝隙间肆意叫嚣着

我们把黑夜守成了白昼，把白昼拉伸成分秒

病毒在我们的笑声中胆战心惊

红马甲就是寒风中猎猎的战旗，人民教师以战斗的姿势把大爱书写在旗帜上

防疫帐篷就是一座战斗的堡垒

咆哮的疫魔在一批又一批的冲锋中消散、再消散

古城烟火，总会伴着早晨第一碗热腾腾的牛肉面开始

校园生活，总会伴着熟悉的铃声和孩子们银铃般的晨读翻开

山川铿锵结实的骨骼，黄河柔韧坚定的筋脉

英雄的古城，唱响生命的凯歌，以磅礴的力量迎风傲雪

向春天挺进！

短诗几行

走在年轮里

播种生活的人

在四季的年轮里

遇见无数的自己

思考藤一样长满心底

信念风一样缝合雨打的痕

疯长的年华

在时光的相册里变淡发黄

在生命的长河里

长成了沉默

将自己化成了年轮里

一尊

耕耘的雕塑

——写给平凡的教师岁月

烛

挡不住深埋的喜悦

烛光点亮了所有的往事

蛋糕的心是透明的

我将回忆折叠成笺

寄给南来北往的雁

让烛光打印成

桌上最美的画

倏地

将日子燃烧成了经典

3 无 奈

所有的思考

成了断弦的旧吉他

无聊地拨动心中的老歌

——词依然填满故事

——曲依然那样闲适

今日这一曲是老歌中的谁

一遍遍

将你弹拨成一则深沉的谜

披满了灰尘的吉他

依旧和着曾经的心跳

心　意

暖暖地问候

默默地理解

切切地思念

款款的友情

是山里那束绿绿的苦苦菜

苦涩酝酿着宽容

悠香弥漫成微笑

只是一嗅

便已收获所有的忧郁

安慰朋友

朋友在信里踏青而来

坐在生日的蜡烛上

说了些与季节

相关的忧郁

一阵雨声漫过

经历过的事情

铺成桌上这张纸

涂了一些水粉

安慰朋友说

阳光是我们的

生活别不是这张画

牵　手

你只轻轻抛来一束风

我的心便绿了

染透心垄间油黑的泥土

拾一串欢歌

高高举捧

挂在墨一般的雨季里

发芽　拔节

长成黑板上那棵葱茏旳树

牵你的手走进秋的诗行

教育专访

莫道桑榆晚 为霞尚满天

——党玉枚先生采访记

1951年的甘肃省省立乡村师范校园，春色满园，草长莺飞。一批批莘莘学子即将告别母校，奔赴四方。在他们之中，有一位双目深邃，帅气十足的年轻人，毅然选择了西固城，在古老金城的教育园地深深扎下了根。这位年轻人就是当年就任西固区第二届文教科科长的党玉枚。

他是识字班教员，是一名有创造有梦想的学校老师，还是一位有思想有情怀的校长。说实话，当我们计划采访对象是党玉枚老师时，我做了很多准备工作，但心里仍有些许的激动与忐忑。当我们真正与他零距离接触时，发现老先生和我想象中的完全不一样，仅仅简单几句对话，就透露出先生的和蔼，给人的感觉是那样的平易近人。

1931年11月，党玉枚出生于永靖县一书香世家，自幼接触四书五经。老先生经历了历史变迁中的动乱，被扣上"右派"帽子……他很健谈，回忆艰难的求学时期，虽是吃的苦点穿的旧点，但依然没能动摇他那颗燃烧的心。在那样一个但求吃饱穿暖的年代，他却如一株高原上的红柳坚强地成长起来。未走出校园，便被聘为学生政治处干部；在陈官营小学的日子里，他不断点燃青春，满腔热情投入到少先队的事业上，组建了兰州市在西固区成立的第一个少年先锋队组织。1953年省政府将皋兰县第五区（西固7川2山）划归到兰州市管辖，1954年，他先后担任了西固城一校校长、西固区第二届文教卫生科科长，在任校长期间，他恪守的信条是："误人之子弟如杀人之子弟。"他严于律己，克己奉公，注重德育教育，要求全体教员必须坚持德育为首，全面发展的办学方向培养全面健康发展的人才。从普通教师、校长、文教卫生科科长，从风华正茂到满头白发，他只有一个信念，无论干什么工作都要尽心尽力地去干，特别是主持西固城小学校长工作时，更是淡泊名利，矢志不渝，终身不悔带领全体教员在西固城小学发展史上书写了一页页辉煌的篇章。

老先生被后辈亲切地称为"西固百事通"，的确名副其实。他谈到的事对我们都是传奇，如私塾学生们的年龄大小不一，各念各的书无统一规定，不集体授课，农闲念书，农忙务农。战争时期，日寇轰炸兰州时，将孩子们转移到山神庙念书等。在那样一个缺衣少食，战火弥漫的年代，党老先生对教育的坚守令后生们敬仰。从西固私塾时期谈到1949年以后，从改革开放谈到当今教育。一个个精彩的历史故事如电影般在我们眼前掠过，一段人生，一种情怀，在眼前这位老人的脸上演绎成历史。

已近中午时分，雨后的阳光透过四楼的玻璃斜斜地流淌着，这位慈爱的老人还在津津乐道着他的经历。捧着他年轻时的照片，端详眼前这位从1949年以前走来，在战火中成长起来的教育工作者，我的眼底一次次湿润，我的内心一次次澎湃，回家极速完成了这篇采访记——《莫道桑榆晚，为霞尚满天》。

谁人再叹夕阳黄昏

——陈之芬先生采访记

见到他的第一眼，就给了我最暖心的印象：只见他个头不高，满脸微笑，花白头发梳理得极整齐，上身灰色的夹克熨得平展，说话做事有板有眼，面对摄像机像个孩子一样认真,他的每一段故事都值得收藏。

20世纪50年代的西固光月山，乡亲们除了日出而作，日落而息，心底里还有一个梦——期待来一位扎根山区的老师。他来了，点燃了山里孩子们的心灯，他便是陈之芬。一个春天一样的名字，他的到来，让乡亲们心底有了希望，那种感觉便如春天一样在心里开始芬芳。

1952年，陈老师带着梦想踏上了前往光月山的路，约半天的步程，终于到了目的地。在村民引导下学校出现在眼前，那是怎样的一所学校啊，仅是一座在风雨中飘摇的天王庙。无教室、无桌凳、无老师，真正的三无学校，有的只是院里破旧的西厢房和台阶上摆放的曾经私塾先生用过的一张桌子。望着眼前的情景，看着乡亲们的期待，陈老师暗自下定决心，开始谋划光月山小学的未来。为了能让山里孩子安心读书，他找来农会主任、文教主任，在村里召开了群众大会，动员村民出木料、出人力、出技术，在他的号召下还

——写给平凡的教师岁月

有老人捐出了自己的棺材板……一个星期时间，为孩子们赶制了极为简易的 20 多套桌凳。在村民们的帮助下粉刷了西厢房，学校就这样开张招生了。陈校长——陈老师——陈门卫……一时间他成了学校的全部。

校不在宽阔，有仁师则名；室不在华丽，有爱心则灵。一处庙宇，一个老师，简单到极致。在那样一个缺吃少穿的年代，年轻的陈校长是如何守望教育的？这对当今年轻教师来说是何等重要！——沉下心来品教育之根，放下浮躁，观人生之本。

端详眼前这位年过八旬的老人，我的内心充满了感动。我们一行人被老先生精致雕琢人生的勇气所震撼，85 岁高龄握笔面对砚台和宣纸，大楷行云流水，小楷灵动轻盈。如此大手笔的经历与人生，谁人再叹夕阳黄昏呢？我的心底流淌温暖的感动：

> 一生从教乐无涯，
> 坦荡胸襟任尔夸。
> 撒向门生都是爱，
> 满园桃李幸福花。

专业路上的领跑者

——记全国优秀教师滕铭娟

一个步履轻盈、干练善良的女人，一位知性优雅、谈笑风生的小学语文教师。她睿智深邃的眼神，蕴含着无限的包容与内涵。

最近，因教育展览馆工作进入教育情怀资料收集阶段，我们陆续采访了西固教育领域里的特级教师、名校长等，这是一个集改革理念与先进教育思想于一身的优秀团队。

一个秋天的上午，我们如约来到滕铭娟老师的办公室。如阳光一样在雅致的办公室铺开了今天的话题——成就年轻教师成长是我幸福的追求。

说到这个话题，不得不引出另一个如藤蔓一样活力常青的名字——滕铭娟名师工作室。在兰州市首批名师工作室起航的大好时机，我遇到了许多奉献教育、热爱研究的教学知己，共同走进兰州市小学语文滕铭娟名师工作室，实乃幸事。领衔名师滕铭娟提出的"导——读——议——用"教学模式是工作室的研究方向。她带领成员深入理解卓越课堂模式建设的意义与内涵，帮助年轻教师树立了"以学为本，问题导学"的教学理念。这一模式被老师们广泛运用于课堂，用到极致，后来推出的"导问题、导目标、导自学、导参与"四导模式充分体现了"教为主导、学为主体、练为主线"原则。这一模式引领一批批年轻教师主攻语文生态课堂，使课堂变成阳光灿烂、灵性成长、童心飞扬的舞台。滕老师成了每位年轻教师教学研究中的影子，一起磨课，一起做课题研究，一起编写校本课程，一起办报刊，一起品味工作中的酸甜苦辣……成就年轻教师，点燃青春梦想成了滕老师最大的教育幸福。甘为春蚕吐丝尽，愿化红烛照人寰。一批批省市级骨干教师，一批批市区级名师、名班主任，一批批教学新秀、学科带头人从工作室走出，耕耘在西固教育的各个岗位。

滕老师是一位资深的管理者，更是一位时尚的教育者，她的脑海里有着使不完的"金点子"。面对教育改革大潮，她有着超前的教育预测和改革胆识，奋战在基础教育一线是她发掘自己、超越自己的理想平台。

说到教育，她有着聊不完的话题，关于教学模式，关于专业成长，关于做事与做人……小小的办公室里一群西固教育人朴素的聊天，诠释着教育情怀广博的内涵与外延。需要我细细品酌，静静融化。对照我教育生涯的每一步，不允许自己虚度当老师的每一个日子。早年前刚刚师范毕业踏上讲台的那一刻，心底便已种下一颗种子，要做一位与众不同的好老师。27年的光阴里，我始终不敢忘记对自己的承诺，也许是自己对教育那份独特的情怀。这颗种子在心底静静萌芽，即使无数次碰壁，暴风雨无数次将它浇灭，我始终相信那是一颗能够起死回生的种子，定然会在我的世界里枝繁叶茂。27年的教师之路，这颗种子亲历过西固教育百花盛开的春天，分享过硕果累累的秋天，今天的采访再一次唤醒了我心底那颗生命的种子，开始抽枝展叶。

短短的采访，滕老师使用频率最高的一句话是"踏实做事，真实做人"，一句再朴实不过的话却令人受用终身。

全国优秀教师、甘肃省特级教师、金城名校长……层层光环依旧挡不住滕老师走进课堂，紧随一线教研的步伐，引领西固小语教育，规划学校发展，培养教师队伍。

她就是这样默默奉献，成就着年轻教师灿烂的人生。

教研随笔

加强读写结合　提升写作能力

摘要： "读书破万卷，下笔如有神"这句话十分形象地诠释了阅读和写作之间的关系：读为基础，从读学写，写中促读。加强读写结合，提升写作能力，旨在立足课文内容，发挥小学语文课文教材的典范作用，尝试向课文学写作方法，把阅读教学作为学生写作教学的主阵地，发掘课文中读与写的最佳切合点，实现品文、整合、表达三者同步进行，学习、理解和运用三种能力同步提升的教学效果。

关键词： 读写结合；写作能力

语文教学中读与写是尤为重要的两个教学内容，读与写不仅在教学方面有着紧密的联系，对于学生而言，阅读能力与写作能力之间也有着紧密的关联。小学生写作能力的培养需要结合语文阅读训练，使其在培养语感、积累语言知识的环境里激发写作热情，潜移默化地提高习作能力。教育心理学告诉我们，小学生爱模仿，表现欲强，特别容易遗忘。所以，我们在阅读教学中要充分发挥他们爱模仿爱表现的心理特点，精心设计读写结合的训练内容，边读边写，学用结合，从阅读教学中获得的写作知识在"写"的活动中进行最直接的迁移，便于教师及时掌握训练效果，下面就此谈谈实践心得。

一、调动阅读积极性，激发学生阅读兴趣

学生是课堂的主人，教师要在课堂中引导和帮助学生找寻自我的主体意识，积极参与到课堂教学过程中。小学生具有强大的好奇心和探索欲，教师在教学中要有意识地引导学生去阅读好文章、好故事，激发学生阅读的原动力。

如统编版教材小学语文教材三年级上册第四单元就是围绕"预测"这一专题进行编排的，为了激发学生的阅读兴趣，教师在教学时可以不要求学生进行预习，以免失去预测的趣味性。例如在"有一天，胡萝卜先生匆匆忙忙刮了胡子，就吃着果酱面包上街去了。因为他近视，就没有发现漏刮了一根胡子。这根胡子长在下巴的右边，胡萝卜先生吃果酱面包的时候，胡子沾到了甜甜的果酱。对一根胡子来说，果酱是多么好的营养啊！"引导学生抓住关键语句猜一猜这根胡子接下来会怎么样？让学生说一说。孩子们的答案五花八门，这时再引导学生带着极大的好奇心读后面的内容，感受边读边预测的乐趣，产生继续阅读的欲望。

二、注重感悟朗读，促进语言积累。

聚沙成塔，涓滴成河。对于学生而言，只有不断阅读，才能促进语言积累，而在语言积累下，各种语言技巧、表达形式才能够更加灵活应用。在教学中，教师要注重培养学生感悟朗读，让文字发出声音，从而促进语言积累。

以统编版小学语文教材三年级上册第六课《秋天的雨》为例，本课中第一自然段优美地描写了秋天的雨，这就需要教师引导学生

在阅读过程中，注重感悟朗读，获得阅读体会。第一自然段把秋天的雨比作钥匙，温柔生动地写出了秋雨的特点，"轻轻地"说明秋天是在人们不知不觉中到来的。所以指导学生朗读这段话时要用温柔的语调来读，语速稍慢，读出秋雨打开秋天的大门时的悄无声息。两个"轻轻地"要读得短而轻，给人以轻松、舒服的感觉。

《听听，秋的声音》也是一篇描写秋天景象的散文，课文中第一小节就生动形象地描写了秋天的声音：大树抖抖手臂，唰唰，是黄叶道别的话音。这段话描写秋天树枝摇摆的情境和黄叶飘落的声音。在教学中，可以播放黄叶飘落的唰唰声，让学生身临其境，读的时候，体会在大树后稍停顿，重读"抖抖"，突出大树的动作；秋天的活力可以通过轻读唰唰来体现，"道别的话音"可以通过慢读来体现道别的不舍。在整体朗读过程中，伴随着优美的背景音乐，学生可以自然而然体会文章中的不舍之情。

通过从语音、语调和语气等方面对学生进行朗读指导，让学生深刻感受文章的语言，从而积累语言，培养阅读兴趣。教师只有在课文中找到适合朗读的优美片段，课堂才会出现书声琅琅的高潮。

三、在阅读中积累语言素材，充实语言仓库。

写作是表达、交流的一种方式，其中表达、交流的工具就是语言文字。语言的积累是为了迁移运用，课文中的成语、格言、警句和好词佳句都是写作的原材料，所以，教师要注重对它们的日积月累。可以采用读背结合、品读感悟的方式促进学生积累。

曾经听教学《纪昌学射》时，教师在整个教学过程中的语文积累可谓亮点。首先在随文识字、解决新词环节处理得干脆利索，既正了字音，又理解了新词"百发百中、百步穿杨、箭无虚发、盯住"，由此，抓住核心词"练眼力"切入课文，为学生的词语积累做好了铺垫。古人云："读书要知其意，得其趣，传其神。"所以，教师一定要在读懂教材的基础上品读课文，理解文本所蕴含的深层含义，品味作者运用的精妙语言，深刻准确感悟文本所传达的最终旨意。教师先要找出文本中的精彩之处，才能在课堂上出彩。

四、在阅读中学习写作方法。

写作的核心在于对语言文字灵活、有效的应用，而阅读可以有利于学生积累更多的语言文字，从而帮助学生在写作中对语言文字的应用能够做到得心应手。人民教育出版社崔峦也曾表示："语文教学中要做到读写渗透、读写结合。"由此可见，作文的基础是阅读，在阅读中可以帮助学生积累更多写作素材及语言文字，进而为写作提供更多的支持。我们必须打破阅读教学与作文教学的界限，创造性使用文本，将作文教学化整为零，写的训练融合到读的过程之中，重组读写训练的内容、形式，形成一个综合化的语言实践活动，从而形成读写整合的教学模式。

笔者所在学校，针对长期存在的学生课内外读书少的问题，提出单篇讲读、多篇略读和读整本书一体化，以及课内阅读向课外阅读延伸的主张。加强学生口头和书面表达能力的培养，形成清晰的读写训练系统：学校每学期组织一次师生读书分享会，年级每月进行一次读书漂流活动，班级每周开展读书推荐会，学生每天早上有20分钟的读书时间。

1.精读课文，学习作者表达上的特色。

著名教育家叶圣陶曾说"语文教材无非是例子，凭借这个例子要使学生能够举一反三，练成阅读与作文的熟练技能……"告诉我们要用例子的眼光对待语文课文，发掘课文的教学价值。

《美丽的小兴安岭》是一篇写景类习作的经典范文，这篇课文我们要学习的表达方法是抓住小兴安岭树木在四季之中的不同特点来写景物，我们课内练笔的重点就是分四季写景的方法。

《赵州桥》是一篇精读课文。作者运用了"有的……有的……有的……"的句式和列数字的说明方法来描写桥上的雕刻。

《秋天的雨》这一课中就用了很多拟人手法来描写秋天的风景。

2.略读课文，迁移运用从精读课文中学到的方法。

《一副名扬中外的画》这一课就是略读课文，它的前文就是《赵州桥》。在读第二自然段时，通过看图、读文、运用从精读课文中学到的表达方法：用"有的……有的……有的……"的句式补充省略的人物。

群文阅读，三年级上册第三单元，编排了两篇略读课文《胡萝卜先生的长胡子》和《小狗学叫》。由于《胡萝卜先生的长胡子》是个没有结尾的故事，所以在教学中可以引导学生略读课文，并激发学生的想象，猜一猜故事的结局，然后让学生带着好奇和猜疑听教师讲完故事，并引导学生探究故事的结局与自我猜测有什么不同和相同之处。然后听老师读故事的结局，加以验证。这不仅是预测方法的运用，而且是思维的拓展，是想象力的打开，还是为本单元习作一续写故事做准备。

3.课外阅读，提升表达方法。

结合我校的读书漂流活动，各班每月月初举行读书推荐会，推荐一本好书全班共读，在这一个月中完成整本书的阅读，并用自己喜欢的方式制作个性化阅读卡，既可以是好词好句的积累也可以是故事情节思维导图的创建等，在月底各班再次进行读书交流分享。

4.课内落实读写结合，提升习作能力。

根据小学生爱模仿的特点，课内模仿练习是落实读写结合最佳练习策略。

如在教学统编版小学语文教材三年级上册第一课《大青树下的小学》中的第一段时，我将向课文学习遣词造句法作为一个读写结合点：

原文：早晨，从山坡上……走来了许多小学生，有汉族的，有傣族的……

这句话将状语倒装，用"有……的，有……的，有……的，还有……的"这一句式，强调了不同民族的孩子们从四面八方来到学校。为了实现读写结合，我用微视频的形式呈现这一段话的画面与文本内容，带领孩子大声地有感情地朗读，提醒学生"的"要读轻声，在读的过程中让学生想象上学路上的美景，体会把3个表示地点的词语放在句首的作用，激发学生的灵感想一想：学生还会从什么地方走来？顺势启发学生模仿上面的写作方式，进行片段小练笔，营造写作氛围。

_____（时间），从_____（地点），从_____（地点），从_____（地点），走来许多（人物），有_____（民

族）的，有＿＿＿＿＿（民族）的，有＿＿＿＿＿（民族）的，还有＿＿＿＿＿（民族）的。

笔者发现，学生的片段练习很让人惊喜：

早晨，从学校西面，从学校东面，从那高高悬在马路上的天桥上，走来许多小学生，有汉族的，有回族的，有东乡族的，还有满族的。

课文《牧场之国》是一篇略读课文，我们可以学习作者总分结构，开篇点题的布局方法；细致的观察，恰当地运用比喻、排比、拟人等修辞方法；详略分明的写作方法。

阅读学习后，教师可以组织学生开展课内小练笔活动，以"这就是真正的家乡——兰州"为主题写一段话，写作过程中应用合适的修辞手法。

学生甲：这就是我真正的家乡——兰州。黄河穿城而过，用石头雕刻的一位慈祥的母亲怀抱着一个顽皮的孩子的《黄河母亲》雕像安静地坐落在黄河边。最令兰州人骄傲和自豪的就是那雄伟的百年铁桥——中山桥，像一条银龙腾跃在黄河之上。

学生乙："一清二白三红四绿"的牛肉面开启了兰州人一天的生活；一本《读者》向世界传递着真善美的声音；一条穿城而过的黄河诉说着千百年来华夏民族的历史变迁，这就是我的家乡——兰州。

加强联想：它把黄叶给了银杏树，黄黄的叶子像一把把小扇子，扇啊扇啊，扇走了夏天的炎热。

激发学生想象，秋天的雨都把颜色给了谁，能不能按照以上句式描写出来。（秋天还有红彤彤的苹果、金灿灿的稻穗，还有白花花的棉花、黄澄澄的玉米……）

课文引路，读写结合作文教学实践探索，立足课文内容，让作文教学"化整为零"，阅读教学"化零为整"，读为基础，从读学写，写中促读，读写贯通，达到读与写的有机融合。当然，在具体教学中不能面面求全，不能教得过死，更不能急于求成。只有从学生的实际出发，因课制宜，因材施教，突出重点，讲求实效，多层次训练读写结合，以"童心、童趣"为媒介，将学生的生活经历与语文教材进行有机整合，有效提高学生的读写迁移能力，最终达到全面提高学生语文素养。

参考文献：

①中华人民共和国教育部.义务教育语文课程标准［M］.（2011年版）.北京：北京师范大学出版社，2019. 24

②叶圣陶. 大力研究语文教学，尽快改进语文教学［J］.中国语文，1978（2）

③王超群.读写结合,提升写作能力的"良方"［J］.小学生作文辅导(读写双赢),2020(08)：100.

④梁坚.集课文之长学写作之道——基于课文的"以读促写"作文教学实践研究［J］.广西教育,2019（38）：24-25

我们是在教谁写作？

语文教学应将阅读与写作联系起来，回到学生的写作能力提升上，这与读写一体化是一脉相承的。习作无处不在，师生交流过程无时不在渗透语言表达技巧。习作是语言的训练，更是情感的归宿。学生为什么而写作？我们是否给予过学生系统化的指导？是否关注过学生的情感流露？因此，必须有一个科学合理的儿童习作评价标准来规范小学习作教学。

中心明确、条理清晰、语言流畅固然是好文章的标准，但是以此评价是有失偏颇的。小学生毕竟还是小孩子，在习作中流露出天真、稚嫩和童趣是本该有的状态。毕竟儿童的世界不同于成人，这是一个奇妙、梦幻而又充满灵性的天地。他们按照自己的价值观念和游戏规则生活着，有着与成人完全不同的快乐、哀愁、憧憬、期盼与体验方式。明代的李贽说过："天下之至文，未有不出于童心焉者也。"老舍先生也特别珍视儿童的天真，认为这是天下最可贵的，万万不可扼杀，最害怕看见小老人和少年老成。

写作就是要把自己心中的一切都敞开，一篇好的习作是小学生独特心灵世界的写照，是小学生对日常生活观察之后有重点的交流表达，是充满童趣的诉说，绝对不是社会期待效应下的成人化习作。

——写给平凡的教师岁月

小学生习作追求的是我笔抒我心，不一定要立意高远，结构严谨。许多学生的作文内容是假的，人是假的，事也是假的。相应地，感情自然不会真实，长此下去便失去了生活的真实性。学作文也是在学做人，作文要写自己的心里话，说真话，不说假话，才能让读者感到真实可信，才能使文章产生波澜起伏，给读者留下深刻的印象。

一、要给学生的表达提供目标

导游的解说词，是给旅游者准备的，也是旅游者急于了解的；倡议书是面对一定群体的，是倡议者内心的呼吁；留言条是留给对方的话，不写不行……诸如此类，都是从交际应用的实际出发而为之的。所以，作文训练要从实际的应用出发，要从学生的需要出发，努力向生活回归，全力体现说写训练的工具价值，营造作文的实用氛围，让学生感到学了以后，是生活的需要，甚至非写不可。在作文教学中，可借用各种实用文的形式，但更重要的应精心设计实际生活的交际情境，让学生明确它的交际对象，激活他的发表欲。当学生带着一种责任感、使命感去写的时候，就会出现少见的认真和起劲。这会从根本上调动起学生作文的需要和兴趣。

1.引导学生变换主题续写课文和故事

"语文教材无非是例子，凭借这个例子要使学生能够举一反三，练成阅读与作文的熟练技能……"（叶圣陶语）续写就是根据课文提供的条件，通过合理的想象继续写下去。有的续写可根据课文中的主要事件接下去写；有的可根据某件事的一个描写续写；有的可根据人物的命运，写出他的结局。续写练习中学生要利用已有的生活经验，加以推测，想象，通过练习，开拓思路,增强想象的能力。

2.引导学生进行认真思考把自己的体验感受写出来

我们不仅要注意引导学生观察周围的景物，更注重引导学生观察周围的人物，关注班级里、学校里、家里即时发生的事情。如，当班级里举行班长竞选、拔河比赛等活动时，我们就引导学生有目的地进行观察，观察人物的神情变化、揣测人物的心理、观察人物的活动等，使学生逐步养成随时留心观察周围事物的习惯，很多鲜活的、生动的习作素材就慢慢地走进了学生的习作中，他们的习作内容就越来越丰富了。这是在训练学生的思维能力，因为习作和思维是密不可分的。叶圣陶先生有这样一段论述："思想不能空无依傍，思想依傍语言，思想是脑子里在说那不出声的话。如果说出来，就是语言，如果写出来，就是文字。朦胧的思想是零零碎碎不成片段的语言，清明的思想是有条有理组织完善的语言。"

3.引导学生写充满情趣的童话体作文

中年级学生好幻想，他们是借助于想象和幻想来理解、探究、解释他们生活的世界。所以教师一定要很好地利用这一切，给学生创造一个良好的环境，使他们的幻想有一个表现的舞台。童话习作训练可采取多种形式：（1）听童话，写童话。先由教师讲一个童话，再让学生接着编。（2）看图画，编童话。（3）看实物，编童话，根据实物特点加以想象。（4）联系生活编童话。（5）结合课文编童话。

二、要给学生的信心提供机会

1.师生共同分享作文

学生愿不愿意分享，是否想要分享，取决于老师的态度。老师的态度表现在：学校生活中，与学生之间是民主、平等的，学生不怕你，不恨你，不讨厌你；日常教学特别是课堂教学中，学生觉得你是真的在听他说话，知道他要说什么、在说什么，不敷衍、不强索；最重要的是你在学生的日记、作文、写话、练笔中的评语，是在和他们交流、对话，而不是居高临下、没有人情味的批评。看到学生写得有趣，你笑了，不妨在此处画个笑脸，写个"哈哈"；读到精妙的用词，且先别急着写"用词准确"，不妨写一句"妙啊！我怎么就没想到！"试看学生的反应，一定喜出望外喜不自胜，下次作文动力一定倍增，为的就是发下来时再去看你的评语。

2.师生共同走进生活情景

充实的生活积累和感悟是学生作文重要的源泉。带学生走进生活，让他们用明亮的童真去观察，用心灵去感受，用耳朵去倾听，发现生活的鲜活，到生活中去积累材料，寻找作文的源头活水。作文是生活的一部分，它离不开生活。写作的素材多半来自作者的现实生活，来自作者的所见所闻所历所想。因此，我鼓励学生多参加学校组织的各项活动，平日多留意身边的人和事，多听听别人的看法和见解，善于捕捉生活中的细节，把一些印象最深的东西随时整理出来，建立一个充实的材料仓库，有了丰富的写作素材，写作时，一个个素材便呼之欲出了。

三、要给学生的创造提供空间

1.提供展示的平台

写作是要给人看的，是希望发表，希望被欣赏的。发表对写作者是一种莫大的鼓舞、激励。发表不但可以极大地激发写作兴趣，而且可以刺激写作者主动以更高的标准要求自己，主动求得提高与发展。这里的发表，是在公开发行的报纸刊物上发表当然更好，但事实上发表的平台是非常多的，譬如QQ空间（可以是个人空间，班级或者学校的群空间更好）、譬如博客（可以是个人博客，班级或者学校的博客更好)，还可以是班级刊物、学校刊物，特别是班级刊物，可以手抄可以打印，可以轮流主办可以固定社团，都好操作，关键看教师是否有心；这里的发表，更可以每周推荐、每月推荐、学期推荐，可以贴在学习园地，甚至可以只是在课堂上向大家朗读。只是要分层管理，优良中劣，都留有一席之地。

2.创造积累的机会

小学生中做事能认定目标持之以恒者毕竟不多，如果教师放任自流，那么一部分学生肯定记之甚少，知之不多。为了面向每个学生，我通过精心编录，分以下几个方面统一归类：成语、名言警句、俗语、歇后语、古诗、对对子，以及有关赞美老师、母亲和描写风霜雨雪、喜怒哀乐等优秀片段。为了巩固之，每天适当布置学生抄写。教师在平时的教学语言中不妨经常用用，让学生耳濡目染。尽管有了那么多的积累，学生习作时还是用之不多。所以在每次习作前，挪出一点时间让他们用自己喜欢的方式泛读，这样才能熟能生巧嘛！虽然我们并不希望学生在习作中好词佳句堆积如山，但是又有多少人有耐心欣赏平铺直叙白开水似的文章呢？

叶圣陶先生说："要敢言天下真，这就是做人的根本。"因此，教师要注重引导学生做真人，求真知，抒真情，吐真言。坚决抵制假话、空话、套话，让作文课堂流淌真、善、美的情感，使孩子们的习作抒写童心之言、童真之言、童趣之言、童性之言，真正让习作成为儿童表情达意、书写真我、洋溢灵性、激发悟性、张扬个性的生命活动。

呼唤读写效应　张扬作文个性

——探究读写整合的自主作文之路

《语文课程标准》强调要懂得写作与交流，就是说阅读教学中的理解是为了运用，运用是对阅读的促进，重点是要以摆正读写结合点，整合读写信息，提高表达效果为目的，以课文引路，实现课文再创造，丰富语言积累，发展思维。力求寻找读与写的最佳结合点，即阅读与写作相互配合、相互渗透，即读中指导写，写中促进读、读中渗透写、写中深化读，以达到语文教学的事半功倍，有效提高学生的读写能力，从而促进自主作文水平。

一、设想

从小学语文教改现状来看，教师感到教作文难，改作文苦，评作文空，学生感到写作文难，以至于无啥可写，不知怎样写。另外学生作文量太小，每学期不过八九篇，为此，我想到了读，因为读与写之间有着非常紧密的联系，1926年，石民镛在《小学课外作文指导法》一文中写道："看书同作文分开，这是一件最可惜的事情，我以为看书同作文就当打成一片，看书有了意见或感想，就写成作文，作文要取材料，就看书，以此看书，看书有了目的，如此作文，作文不至枯燥。"这些见解是很可贵的，因为他为我们诠释了读写之间的联系，一句话：游泳只能在游泳中体会，读写能力只有在读写活动中提高，《语文课程标准》中大力倡导学生自主学习，自主习作，及创新能力的培养，为此，我始终强调的是"立足文本，以读促写，以写促读，超越文本"。

二、运用

1.激情引趣，听说起步

随着语文教学改革的不断深入和教材不断地修改，可明显看出听话、说话教学在为高年级作文打好基础，提高语文教学质量，促进学生全面发展中的重要地位，但是并没有落到实处，教学中"重读写，轻听说"的偏颇尚未从根本上得到纠正。在教学中，教师提问多，作业多，学生学习课文后，知识圈定在课文内容上，没有充分发挥语文工具性的作用。其次，学生主体作用得不到充分发挥。其实，低年级的学生，绝大多数都是爱说爱道的，他们常常因心有所想，情有所发，兴之所至而不吐不快，头脑中产生非说不可的动机和情境，而传统的教学模式往往阻碍了学生想说的愿望。根据低年级儿童的思维特点，主要是为了培养对语言的兴趣，通过学习一篇课文或一组课文，帮助学生找到读写结合点，巧妙模仿，再让学生展开想象说话。新教材图文并茂，诗一般的语言、色彩丰富的插图，为教师与学生的交流提供了丰富的材料。孩子们画的"神舟号"富有个性、设计的"冰花"充满童趣。学了《蚂蚁和蝈蝈》，我们画出了蝈蝈第二年吸取教训，辛勤劳作，享受冬天的画，还有狐狸与乌鸦的第二次见面——反复训练，达到读写双向迁移的目的。

2.搭桥引路，拓展片断

当前语文教学的质量和效益不高，学生的读写能力不尽如人意，其中一条重要原因是阅读教学不得法，作文是为写而写，读是读，写是写，读写分离。古人云："读书破万卷，下笔如有神。"说的是阅读和写作的关系。现行的小学语文教材，大多出于名家名篇，文质兼美，是对学生进行语言文字训练的极好教材。阅读教学若能使学生从这些范文中汲取丰富的营养，就无疑为学生的写作搭起一座桥梁。因此，如何使学生高效率地从课文中获取丰富的营养是关键。那这关键就是阅读，只有通过各种形式的读，才能提供学生感受语言，学习语言，发展思维的机会，也才能把读与写之间的桥搭得更结实。

《语文课程标准》指出："写作是运用语言文字进行表达和交流的重要方式，是认识世界，认识自我，进行创造性表述的过程。"在写作教学中，应注重培养观察、思考、表达、评价的能力。要求学生说真话、激发学生展开想象和幻想，鼓励写想象中的事物。

（1）取营养于课文——以读为根本

采取三步阅读法。探读课文，善于发现和提出问题，然后，研读课文，指导学生抓住课文重点句子，关键词语认真阅读。最后，赏读课文，反复揣摩语言的运用，对课文中的精彩章节要熟读成诵。

（2）取方法于范文——范文搭桥

即读中指导写，架设一座从阅读教学到作文教学的桥梁。从读中学写，学什么，因文而异，中年级重点学习作者怎样把内容写具体、写生动等片断的拓展。

（3）取材料于原文——写中促进读

充分发挥教材中能够激发学生想象的文本拓展，进行写作训练，促进阅读。

3.课文引路，快写速批

当今社会是快节奏、高效益的信息社会，为了适应这个要求，"课标"强调，要培养学生收集、处理信息的能力，充分发挥语文的工具性，让学生立足于读书，在品读中学会读书，产生语感，发展思维，把语文课真正上成语言训练课，完成其工具性任务，使每篇课文终究落实在写上，将阅读信息、生活素材整合、处理，在头脑中进行再创造，让孩子们在原文中发散思维，放飞想象，走出文章原有思想，因为"写"是运用知识的过程，"写"是学生对课文的升华和对生活的再创造。所以，"写"要与实际生活紧密联系，要知道，听、说、读、写的过程本身就是对生活由浅入深的认识过程。《语文课程标准》强调要懂得写作和与人交流，就是说阅读教学中的理解就是为了运用，运用是对阅读的促进，要努力摆正读写结合点，整合读写信息，提高表达效果为目的，以课文引路，实现课文再创造，以"品文、整合、表达"三者同步发展为教学准则，促进学生的自主作文能力。

快写：活动交流——寻找路径——读写整合——现场习作

速批：自由传阅———一次完善——师生点评——细微完善

（发表批语）（信息整合）（例作引路）（二次整合）

快写、速批省去了传统教学的写前指导，使学生思维活跃，不受限制，在其他教学时间进行作文知识专题讲座，教给他们快写、互评的方法与技巧，由于这里的快写是由课文引路的，是随课堂教学进行的，所以既为孩子减轻了负担，又训练了学生的写作速度，不仅激发了学生自我修改的能力，而且提高了学生的评价和写作水平。

小学劳动教育课程化的实践策略

摘要： 劳动教育在学校素质教育中占据着重要地位，开展合适多样化的劳动内容可以起到强健体魄和养成良好劳动习惯的教育意义。进入"五育"教育新时代之后，劳动教育更是肩负着培养合格人才的重任，因此传统的小学劳动教育模式也需要做出创新改变。劳动教育课程化这一全新的教学实践模式，改变了传统劳动教育单一化、局限性的弊端，尝试多样性、实践性的劳动体验。因此，本文在分析劳动教育课程化实施意义的基础上，结合目前小学生的劳动教育目标深入挖掘劳动教育课程化的实践策略。

关键词： 小学；劳动教育；课程化；策略

2018年，全国教育大会上习近平总书记指出："要在学生中弘扬劳动精神,教育引导学生崇尚劳动、尊重劳动。"2020年，中共中央印发了《关于全面加强新时代大中小学劳动教育的意见》，意见中再次强调了劳动教育在创建特色社会主义建设中的重要性，呼吁将劳动教育纳入素质教育的章程。由此可见，劳动教育已经不再是很多学校和老师眼中"简单锄锄草、扫扫地"这么简单的事情，构建科学化、全面化的劳动教育课程成为目前劳动教育重点关注的内容。

所以，文本结合小学阶段的劳动教育目标，针对劳动教育课程化建设提出自己的一些创新建议。

一、劳动教育课程化的实施意义

小学阶段的劳动教育属于启蒙教育阶段，主要目的是为了培养小学生形成自觉劳动的意识，并且养成热爱劳动的良好习惯。在劳动教育的过程中，实施劳动教育课程化模式，具有以下显著的教育意义：第一、可以帮助小学生形成健康的劳动价值观。小学阶段的学生正处于人生观、价值观和世界观形成的关键时期，将劳动教育内容课程化，可以改变以往劳动教学中片面性体力劳动的教学误差，将小学生的劳动教育与劳动品质、劳动幸福观等内容有效关联在一起，帮助小学生从思想认知上树立正确的劳动价值观，从思想意识的层面来体会劳动的重要性，明白用劳动来创造价值和幸福人生的重要道理；第二、达到"行知合一"的劳动教育目的。"行知合一"的教育理念是我国教育创新改革的重要手段之一，力图通过具体的实践活动让学生掌握实际的各项技能，并能在体验过程中感悟认识到某些道理。小学劳动教育课程化的开展重新规划设计了小学阶段的劳动教育内容、活动形式、教育目标等，除了增设多样化的劳动实践活动，还注重在劳动过程中培养小学生爱劳动、尊重劳动的宝贵品质。[1]

二、小学劳动教育课程化的实施策略

1.结合学生实际，设置不同的劳动课程体系

俗语说："工欲善其事，必先利其器。"小学劳动教育课程化是一项富有创新意义的教育改革之路，贸然展开很容易引发各种教学

方面的问题。而且不同年级的小学生在劳动教育需求方面的特性也具有一定的差异性，需要教师区别对待。所以，在小学劳动教育课程化的推进过程中，学校也会结合学生的实际设置多样化的劳动课程体系。

比如，学校可以组织专业的劳动教育老师团队编写《劳动教育课程教学手册》，结合本校在劳动教育环境、工具等方面的优势，针对不同年级、不同年龄段的小学生规划设计合理的劳动教育课程目标，为不同年龄段小学劳动教育的开展奠定基础性的指导建议。例如学校可以根据"纲要"中针对小学生劳动教育在劳动意识、劳动技能等方面的要求，制定出学校劳动教育的分类内容：低年级小学生主要是劳动意识的培养教育，以及生活自理技能方面的教育；中年级小学生主要是家务能力的培养教育；高年级小学生主要是动手和设计能力方面的教育，如各种创意制作等。然后，学校还可以将劳动教育课程的学习效果纳入学生的综合素质评估体系中，根据每个学生的劳动表现和劳动成果进行公平合理打分，并将这些成绩归纳到学生档案中，或者针对上一级教育管理部门颁发的有关劳动教育方面的指导建议，结合本校的劳动教育现状，组织教师创新各种劳动教育课程的教学内容。

2.角色类劳动教育课程，培养学生的劳动责任心

小学生很喜欢角色扮演的游戏方式，在玩乐的过程中小学生不仅可以获得游戏的乐趣，还能从模拟游戏中获得各种收获。对于低年级的小学生而言，他们的劳动积极性不高，缺乏自主劳动的意识和责任心，为此，针对低龄段小学生可以开展角色类的劳动教育课

程，在模拟实践的主题课程中，通过角色扮演的方式，慢慢引导小学生爱上劳动，明白劳动的意义和价值。[2]

比如，针对一二年级的小学生，为了提高学生劳动教育学习的积极性，帮助他们树立正确的劳动价值观，可以开展我爱我家的角色游戏劳动教育课程。在课堂教学中，先播放小学生日常生活的一些片段，这些片段可以从学生们喜欢的一些动画片、电视剧等渠道获取，主要内容都与家务劳动有关联，先利用影像资料的视听优势让小学生关注到家务劳动这件事。然后，组织学生以我爱我家作为模拟游戏的主题，分别扮演家庭中的爸爸、妈妈、叔叔、阿姨、爷爷、奶奶等身份，模拟还原刚才片段中的生活情节。如妈妈在厨房中忙碌，一会儿洗菜，一会儿切菜，一会儿洗碗；爸爸在客厅中拖地等等。利用这些与家庭生活较为贴近的角色游戏课程，帮助小学生体会父母或者长辈一天的劳动强度，同时通过模仿的形式引导他们掌握一些简单的家务劳动技能。

再比如，针对中高年级的学生开展垃圾分类为主题的的劳动教育课程，整个课程的设计以调查问卷分析的形式展开。活动开始后将各个小组的学生划分为不同的角色：有的负责设计调查问卷，有的负责寻找客户填写调查问卷，还有的负责调查问卷结果的分析整理等等。领取各自角色后的小学生，会认真履行自己的职责，展开丰富有趣的调查之旅，学会如何与人打交道，如何从调查问卷整理中发现自己想要的信息。这个劳动教育课程的开展，全程都是以学生作为活动主体，教师主要给予合理引导和技能方法方面的支持，主要目的是引导低年级的小学生从思想认知上重新解读劳动的意义，同时养成为父母分忧、守护社会环境卫生的劳动责任意识。

3.多样化劳动教育课程平台，施展锻炼学生的劳动技能

在校内劳动教育课程平台的搭建方面，主要教育目的是增强学生的劳动表现意识，从劳动活动中找到自信和价值认同感。关于这方面劳动教育课程的安排，学校可以围绕一些主要的节日开展劳动教育课程的主题活动：比如，针对一年级的小学生，在刚刚入学初期，为了锻炼他们的生活起居能力，可以开展我是生活小能手的活动，在校园内开展叠被子、叠衣服、收纳学习物品等劳动技能的比赛，先从每个班级的学生群体中挑选，优秀者推荐到学校的比赛现场进行比拼，通过这种基本生活技能的演练活动，帮助小学生养成自力更生的良好劳动习惯。[3]

在校外劳动教育课程平台的搭建方面，主要教育目的是增强学生的劳动责任心，引导他们明白劳动光荣的道理。关于这方面的劳动教育课程安排，学校可以与研学活动相结合，在研学过程中开展我是环保小卫士的环节：组织学生外出的过程中注意观察环卫工人的劳动画面，并在研学休息途中组织学生们发表爱护环境的各种感言，激发小学生对环境的保护意识。然后在研学结束的环节中，组织学生们利用手中的夹子、垃圾袋等工具对周围的环境开展环保小卫士的劳动活动。要求学生们认真搜集周围环境中存在的各种垃圾，并主动将它们捡到垃圾袋中，按照垃圾的正确分类进行投放，通过这个环节的活动，小学生不仅从理论认知上明白了自然环境对人类生存的重要性，也从观察环卫工人辛苦劳动的画面中感受到了他们工作的伟大之处，而且最后的劳动教育课程采用了亲身体验的方法，

鼓励每一个小学生都化身为环卫工人，为自己生活的城市卫生贡献自己的一份力量，用自己的双手让家园环境变得更加美好。

在家校合作的劳动教育课程平台搭建方面，主要教育目的是让小学生学会干各种家务活，提升他们的家庭幸福值和劳动幸福值。关于这方面的劳动教育课程安排，学校可以根据不同种类的劳动教育目标、内容设计与之对应的家庭劳动教育课程，从转变家长的教育观念、提高学生的劳动技能、培养学生的劳动价值观三方面入手展开设计。例如在转变家长教育观念的课程设计中，可以利用班会、学校家长会、亲子活动等平台，为家长宣讲有关劳动教育意义的资料，通过一些真实的生活案例的演示让家长明白劳动对于孩子成长的重要性。例如，在提高学生家务劳动技能方面，可以开展我是小厨神的家庭作业，要求学生回家后，在父母长辈的指导下学会炒一道菜，并要求家长将孩子做菜的视频分享到自己所在的班级群，同时发布孩子对做菜这件事的感悟和收获。尤其是到了一些传统节日的时刻，可以组织全校的师生与家长开展美食比拼的劳动教育活动，鼓励每一位家长辅助孩子做一道最拿手的菜，并通过网络投票的方式进行评选，最终票数最高者获得胜利，还可以得到学校颁发的证书和奖状。[4]

随着素质教育改革的不断深入，小学劳动教育也从封闭逐渐走向开放的局面。劳动教育课程化的实践模式正是这一教育改革的一项创新成果，作为学校劳动教育活动的一种崭新形式。劳动教育课程化的实践弥补了学校在劳动教育方面的空白之处，而且将口头说教的劳动教育方式转化为体验为主的学习过程，从学校、社会、家庭三个方面共同致力于小学生劳动教育能力的提升。因此未来的小学劳动教育要充分挖掘各种与劳动有关的教育模式，并将其优化改革成为一种课程化的教学形式，全面提升小学生的劳动意识和劳动素养。

参考文献

[1] 张荣晋.新时代小学劳动教育课程化的原因、价值意蕴与实践路径 [J].教育观察，2020,9(261)，35：49~51.

[2] 郭娟娟，罗娟，杜晋芳.创新型劳动教育课程体系构建的实践探索——以成都市天涯石小学为例 [J].教育科学论坛，2020，506 (06) 58~60.

[3] 杨浪浪，陈燕.75 年坚持"爱劳动"：造就本土化小学劳动教育课程体系 [J].中小学管理，2020，35 (02)：17~20.

[4] 翁飞霞，张亚伟.综合实践视域下的劳动教育课程化构建 [J].中国德育，2019，25 (15)：65~67.

"体艺＋"课程开发助力学校思政育人的实践研究

摘要：当前，许多学校仍然存在以应试教育为主的现象，部分学校过分注重成绩，而忽略了学生的全面发展，在体育与艺术课程的开发上力度不足，有些学校的体育和艺术课程教学目标单一，忽视了学生的兴趣，甚至部分学校文化课程占用体育课程的现状仍屡见不鲜，造成学生运动量过少，身体素质跟不上学习任务。真正把素质教育落实到位仍有很长的路要走。本文试图从"体艺＋"课程开发助力学校思政育人的实践作一些探讨和研究。

关键词："体艺+"课程；思政教育

一、"体艺＋"课程开发的时代背景

（一）应试教育现状仍然存在

当前的教育现状仍然以应试教育为主，束缚了学生的全面发展，对于学校思政育人、实施素质教育、实现学生全面发展造成不利影响。怎样才能通过体育和艺术课程与其他课程相结合开发，通过开发"体艺＋"课程，使学生形成健全的人格和个性，助力学校思政育人，是当下学校教育应该深入思考的课题。对此，学校必须提高对体育和艺术课程的认识和重视程度，加大力度开发体育和艺术课程，扩大体育和艺术类教师队伍，提升教师队伍素质，丰富课程内容和形式，形成"体艺+"课程模式，激发学生兴趣，真正使学生素质获得全面发展。

1. "体艺+"课程专业教师不足

首先，当前由于学校对"体艺+"课程重视程度不够，未能把"体艺+"课程开发当作重要工作，更加不能达到"体艺+"课程开发助力思政育人的效果，因此，学校没有注重该项课程教师的培养，因此造成"体艺+"课程教师队伍不足；其次，学校开设了"体艺+"课程，但由于该项课程的复杂性，以及在课程开发方面存在短板，造成该项课程教师素质不够高，水平不够到位，学校也没有注重开展相关培训，因此，"体艺+"课程教师队伍不足，也不能达到课程深度开发的要求。

2. "体艺+"课程对学生影响不够

由于学校存在的现实条件束缚和教师队伍的不足，造成学生也没有真正把"体艺+"课程重视起来，很难对该项课程引起重视和兴趣。由于现实条件的束缚，学生仍然以文化课程为主，从而造成他们对该项课程了解不深，关注不够，思政育人的目的和效果自然无法达成。因此，"体艺+"课程的开发仍然十分欠缺，无论是硬件还是软件，都存在着诸多的短板和不足，仍有许多值得深入思考和探讨的地方。学校要真正把该项课程提升一个等级，需要多方面的综合考虑，无论是从学校、教师、学生以及课程内容和课程体系来说都是大有可为的。把"体艺+"课程开发好，符合现代化教育的进程和要求，有助于教育理念的更新和课程改革的创新，是实现学生全面发展的途径。

（二）"体艺 +"课程开发的内容

1."体艺 +"课程的理论体系

要深入开发"体艺 +"课程，首先必须要有一套成熟的理论体系，要明确"体艺 +"课程开发的特征、内容、意义以及要达到的目的。首先"体艺 +"课程应该是体育和艺术课程的开发，同时结合文化课程与时政课程展开教学，如何将两者兼顾值得深思；其次，"体艺 +"课程开发应该理论和实践相结合，一般来说，实践过程中要对理论内容进行结合，要明确通过什么方式进行结合；最后，"体艺 +"课程着重要培养出什么样的学生，应把培养出全面发展的优秀人才作为课程目标。

2."体艺 +"课程的教学组织

学校对待"体艺 +"课程开发，首先考虑学生的兴趣和实际需求，结合本校实际情况，编制详细的课程教学大纲，大纲范围和要求应注重陶冶学生情操，增强学生特质，选定专业的体育和艺术教师为学生授课，每周要保证一定的教学课时，每学期"体艺 +"教学课时要达到一定数量，同时要将"体艺 +"课程计入学生学分，只有这样，才能真正把"体艺 +"课程提上日程。此外，为了让学生对此课程产生兴趣，要让学生拥有一定的自主选择权。教师开展课程时，应更深入思考灵活多变的教学组织形式，让学生全身心投入课程学习，以达到学校思政育人的目的。

3."体艺+"课程的教师队伍

"体艺+"课程开发并非一蹴而就、一劳永逸的事情，要开发好该项课程，关键在于教师，一个专业的教师队伍，对该项课程开发几乎起着决定性的作用。因此，想要通过该项课程开发达到思政育人的目的，必须要拥有一批胜任该课程教学的专业教师。这部分教师必须要对体育和艺术课程十分熟悉，拥有扎实的理论水平和出色的教学技能。课堂上，既能用生动形象的语言感染学生，又能以娴熟的动作技术以身示范，同时能在课堂中穿插思政教育，真正实现春风化雨，润物细无声，达到学校以思政育人的教学要求，真正把学生培养成全面发展的优秀人才。

4."体艺+"课程的教学目标

学校开发该项课程，教师教授该项课程，必须明确该项课程的教学目标，是使得学生能够掌握一定的体育运动知识和技能，能够采取个人练习的方法，学会用体育锻炼提升身体素质，能够对艺术作品有一定的欣赏眼光和鉴赏水平，使他们能从"体艺+"课程中转变学习观念，切实解决"体艺+"课程中的理论和实际问题，让他们在该项课程中挖掘潜能，发挥才能，实现自我完善，自我革新，最终成就一个全面发展的自己。

（三）"体艺+"课程开发中实现育人目的的策略研究

1.转变学校对"体艺+"课程开发的观念

由于长期以来的教育忽视了学生的全面发展，造成现在学校对"体艺+"课程重视不够，没能形成一套成熟的课程体系。因此，要达到"体艺+"课程开发助力育人的目的，必须从老一套的教学观念

——写给平凡的教师岁月

中挣脱出来，真正把"体艺+"课程重视起来，增强课程内容，扩大教师队伍，提升学生兴趣，是实现"体艺+"课程育人的关键。

2.提升教师"体艺+"课程水平

"体艺+"课程的实施，有赖于教师更新课程观念，明确思政育人不单单只依赖于文化课程，体育和艺术类课程如果开发效果好，也能够达到育人目的。因此，教师必须更新跨学科育人的理念。此外，教师要积极参与该项课程培训和研讨学习，丰富自身体育技能和艺术欣赏水平，使自身符合学校开展课程的要求，满足学生学习该课程的需要，发挥出个人特长，用集体智慧实现课程育人的目的。同时，结合体育艺术类专业教学的特点，积极使用现代的教学方法和手段，广泛吸收先进的教学经验，努力形成特色鲜明的教学方法。[1]

3.利用现代化教学媒体

"体艺+"课程的开发，离不开对现代化媒体的熟练运用。学校要保障该项课程的媒体需求，教师根据需要选择教学媒体，设计教学程序，规范操作方法。多媒体的利用有助于学生直观了解到体育和艺术相关内容，获取到丰富"体艺+"课程的信息，此后，还可以在现代化媒体上进行研究学习，充分激发学生对该项课程的兴趣，让他们明白在该项课程中也能学习到非常丰富的知识，从而达到教学目的。

4.开展体育艺术类竞赛

学校可采取形式多样的方法开展体育和艺术类竞赛，这既是"体艺+"课程的进一步延伸，也是对学生所学知识的交流和检阅，同时还能达到向社会宣传的目的，增强该项课程的知名度，树立学校品牌。因此，学校要通过开展竞赛，使学生在竞赛中能进一步获得艺术体验和体育锻炼，了解艺术和体育的丰富内涵，帮助提升学生的艺术修养和体育技能，提升审美素质，丰富体育精神。

（四）"体艺+"课程开发的意义

"体艺+"课程的开发，可以转变当前的教育理念，推进教育革新——思政育人并不单单只能依靠文化课程，"体艺+"课程也能达到育人目的；同时，该项课程的开发也能使教师有长足的进步和提升，由于该项课程对于很多学校来说都是全新的，少有接触的，因此对教师来说是机遇也是挑战。最后，该项课程对学生的人格形成和才能扩展也非常有利。

1."体艺+"课程开发优化学校课程体系

就目前的教育体系来说，以基础文化课程为主的教育体系，显得较为单一，已不能满足时代发展和人才培养的需要。要推动教育改革，推动教育水平更上一层楼，必须丰富课程体系。"体艺+"课程开发为现在的教育体系注入一股新活力，如果对学生施以体育和艺术课程渗透，辅之以其他课程一同进行思政教育，使"体艺+"成为一门独立的课程，必能使学校的教育更具办学特色和艺术品位。一方面，可以优化学校课程结构和体系，提高课程的丰富程度；另一方面，挖掘出体育和艺术课程的深层魅力，擦亮学校品牌，为办好人民满意的教育添砖加瓦。

2."体艺+"课程开发助力加强教师修养

"体艺+"课程具备类别繁多，项目丰富的特点，这就为教师提出更高的要求。要想把"体艺+"课程办得更好，必须要针对教师进行专业培训，让教师掌握课程所需的体育动作技术和一定层面的艺术修养，确保教师能够掌握相关艺术理论和体育技能，能在课程当中做到完成胜任，并不断朝着一名名教师而努力。教师必须树立先做好学生，才能做好教师的理念，通过自学、借助培训，让自己充分掌握"体艺+"课程的教学要求和教学目的。在此过程中，教师可以增强体育技能和艺术修养，确保学生可以学到知识，以及在课程中与学生相互学习、相互促进。

3."体艺+"课程可以拓展学生个性

"体艺+"课程开发，让学生在学好文化课程的同时，能让学生的个性得到良好的拓展。一方面，要实现人的全面发展，就不能培养出只会读书的乖孩子，还要让他们的体魄提升上来，该项课程的开发，有助于学生积极参加体育锻炼，养成终身坚持锻炼的习惯，促进他们的身心健康。另一方面，艺术课程可以陶冶学生的审美情操，拓展学生的个性，培养出丰富内涵、高尚健康的情感世界。"体艺+"课程的开发，同时把思政课融入其中，助力学校以思政育人。思政育人不仅仅在于文化课程，"体艺+"课程的开发也能帮助实现育人目的。学校要更好地开展思政育人，必须把"体艺+"课程开发当成相对独立的一门课程，作为学校和教师关注和实施的重点，通过扩大教师队伍、开设课程场所，保障课程教学条件等措施，让体育和艺术有机结合起来，形成成熟的教学体系，同时还要强化顶层设计的科学性与基层体育改革的互动性，服务于增强学校体质健康和艺术修养的需求。[2]在"体艺+"课程中融入思政课内容，形成教学特色，真正拓展学生的个性和才能，实现学生的全面发展。

参考文献：

［1］宋翠翠.高校体育艺术课程体系构建研究［J］.体育教育.2016，（10）

［2］史者.高校体育艺术课程中融入创业教育研［[J］.学校体育学.2016.（6）

小学科学教与学现状调查及提升策略之我见

　　科学课的学习对学生认识自然、接近生活有着不可估量的作用，是学生科学理解社会及社会现象的最佳渠道，是提高学生发现问题、解决问题的重要保证，对学生的健康成长有着非常重要的作用。从事教育教学管理的人员不研究小学科学学习规律，从事教育教学活动的教师不研究小学科学教育教学规律，这必然导致教学水平滞后，教学质量不高。当前小学科学教师对科学教学不够重视，在认识上存在误区，方法上存在偏差，必须及时转变教师的教学观念，保证科学课教学和实验活动的顺利实施，使学生能够轻松学习，快乐成长。

　　现状：近年来，随着基础教育课程改革的不断推进，小学科学教师中形成了一种研究热。但透过现象看本质，这股研究热的背后，存在着一些令人担忧的问题：一些研究脱离实际，不注意对学生学习科学有效方法的总结；一些研究脱离学生或生活实际，流于形式，缺乏实效性等等，为了正确引导和规范教师的教学研究行为，特对部分现象进行分析调查，发现存在一些理解上和操作上的误区：

　　1.科研意识淡薄，教育理论和方法缺乏。在对学校科学教师的调查中得知：部分教师认为科学课没什么可研究的，那是专家和科研机构的事，与教师无关，他们只上好课就行；多数教师认为课程任务比较繁重，无暇进行科学教科研；另有一部分教师只写过小学科学教学方面的论文，并没有进行实际研究。

2.缺乏专家引领，科学教师没方向。当前，小学科学教师想认真做好教科研工作也是不容易的。首先面临的是选题，好多教师往往不愿意进行个人课题的申报和研究工作，因为个人课题太多的工作需要自己独立地完成，这与平时繁重的工作量是矛盾的。撰写课题方案，对许多教师来说有一定困难，许多教师以前没有撰写过专门的课题方案，对课题方案的基本写作过程并不了解，因此需要专家的引领。能请到小学科学方面的专家也不是一件容易事，而且与专家零距离接触的机会少之又少，有许多困惑无法解疑。

3.信息闭塞，课题研究流于形式。由于很多小学地处偏僻，很少提供教育情报信息、咨询服务和推广科研成果。因此，广大教师信息闭塞，小学科学方面的研究活动滞后，造成教科研计划只是写在纸上，很少落实。许多科学教师日常教研活动缺乏针对性，每堂课要研究什么项目，解决什么问题，教师都茫然无数。

4.材料缺乏，阻碍师生学习和研究。许多学校缺乏相关的科学实验器材，书本中的许多试验只是写在书上，学生无法亲身体验，严重阻碍了教师的研究，师生对学习科学、研究科学充满无奈。教育研究机构不健全，对教师的科研活动缺乏统一组织管理，教师的课题研究得不到必要的指导，大量的研究流于形式。

5.教育科研与教师日常工作矛盾突出。小学教师，教育教学任务比较繁重。由于小学科学教师非常缺乏,多数为兼职教师，无法静下心来反思研究的过程，调整研究的方法。

途径：

1.分析科学课堂教学现状，深入探讨，力求对学生掌握科学知识的程度和需要有一个比较全面的了解。判断出课堂教学和实验行为的合理性和有效性，通过指导学生对实验过程的自我反思，唤醒提问和解决问题意识，在自我反思中进一步研究生活现象。

2.从科学实验上探索，归纳出更具实效的课题研究途径。把教科研活动与学生实验及学生发现紧密地结合起来，树立实验即教研、质疑即课题的科研理念，切实感受科学实验教学中处处有问题、处处有研究的课题观。

3.与科学教学同行进行课题广泛交流，归纳出切实可行的课题路径。从科学教学同行成功的研究实践分析中借鉴，减少科学实验的弯路，引导学生亲身经历科学实验全过程；不强调严格规范的科学研究，要求通过体验式和发现式记录实验日记、随想、感悟、课堂观察，从而在经验的积累过程中逐步学会研究，从方法上得到提升。

4.一步一个脚印指导学生做好科学小实验研究，亲身体验实验过程。

小学生对于动手实验、验证书本理论有浓厚的兴趣。鉴于这一灵感，可以成立学生科学小实验研究小组，指导学生从书本出发，从身边的小事出发探究问题，确立研究课题。

准备阶段：

（1）认真选题，组织适合学生的科学小实验为学生分组实验，人数安排不宜过多，一般 10 人以内，这样每个学生活动的参与率高，锻炼的机会也多；（2）人员分配要均衡，既要考虑让学生自主搭配，又要恰当引导搭配均衡；（3）合作分工，注意结合每个学生的特长（能力），加强团结协作，责任均等，也可尝试角色轮流。（4）根据实际情况，各小组撰写实验计划。

实验阶段：

（1）依据分工安排，分组实验；（2）结合实验，全面做好数据统计与分析；（3）搜索各小组实验信息，指导学生不断分析调整实验方向；（4）学会反思，撰写完善的实验总结。

总结阶段：

（1）分析整理实验数据，形成理论依据；（2）各小组做实验报告；（3）撰写论据充分、数据有效、观点鲜明的实验报告；（4）努力做好实验材料的分类归档。

教育改革发展到今天，对于小学科学教师来说，已经不是要不要搞科研的问题，而是必须全身心投入，作为自己适应教育发展，实现专业提高的主动需求。没有研究力的教育，是没有生命力的教育。没有经历实验体验的科学_____有生命力的课堂，作为一线科学教师，_____适合自身专业发展的路子。

如_____模式，练有经验，进一步自_____科学课堂的路上不断感受成功的

优化集体备课策略

备课，是上好课的基础，备课，是教师每天的必修课，是教师一生的工作。而集体备课是整个教学的核心，在提升教师科研水平和夯实课堂教学方面有着不可低估的作用。集体备课即团队合作备课，换一种理解，就是对某一教学内容进行讨论研究，从多角度、多方位去想学生之所想，疑学生之所疑，共同解决教学中遇到的各种困惑。强化备课含金量，丰富课堂教学内涵。

一、发挥年级组头脑风暴作用，进行合作备课

头脑风暴合作备课，首先要指定主备课人主讲，然后参与教师从不同角度、不同侧面谈个人见解，形成教学设计主体框架，以便共享。在这样的资源共享和思维碰撞中教师间会产生更多的智慧火花，从而帮助老师们加深对教材的理解，拓展教学思路。面对新课程，我们不是缺乏先进的理念，而是缺乏理念与实践有机结合的能力与机智。集体备课引发教师智慧的碰撞，取长补短，明显提高教育教学效果，也是对教学工作的全程优化，使教师在教学的认知、行为上向科学合理的方向转化。自我钻研、集体研讨、分工主备、教后反思的过程，就是教师对文本再创造的过程。这一过程大大促进了学校的教科研氛围，解决的是教学中最直接、最实际的问题，

从而完善了课堂教学，培养了教师间的合作精神，增强了凝聚力。

二、发挥教研组智囊团作用，进行四级备课

教研组长组织教师整体感知教材，分析学生，确立各学科集体备课内容。如数学集体备课的内容可大到某一章或某一单元，语文集体备课的范围由于考虑到单元的量大而确定为每一课，但无论内容多少，都要求达到以下几个要求：

1.教学目标要明确。（1）知识与能力；（2）过程与方法；（3）情感与态度。

2.教学重难点要突出。如每一课的重点是什么？哪些地方要突出重点？难点有哪些？如何突破难点？采取哪些措施效果会更好？

3.教学内容要做到心中有数，例如，一节课要解决什么问题？和学生完成哪些内容？阅读教学中有哪些含义深刻的句子？它们与课文的中心有哪些关系等等。

4.教学方法要有所体现。根据本课内容的特点及学生实际，最好采用哪些有效的方法和手段。

5.教学过程设计要考虑到多种方案，以便参与教师根据自己的教学情况进行选择，从而克服教案单一的束缚。

6.参与教师在使用主备教师教案的过程中可根据个人实际操作进行个性修改，或评价，或反思，最终形成具有实效性的教案。

具体做法：

遵循两定三统一的原则（两定即定内容、定主备课人；三统一即统一教学目标，统一教学重点、难点和关键点，统一课时分配和进度）

——写给平凡的教师岁月

遵循四级备课的基本步骤：个人备课——集体备课——修正教案——课后反思。第一级是个人备课：是由教师独立完成的备课，它是教师个体层面上的备课，是所有备课的基础，既要研究学生的智力因素（原有的知识基础、智力水平、能力水平等），又要研究学生的非智力因素（学生兴趣、学生态度、学生习惯等）。在确定了教学重点和难点，提出具体教学目标后，写出详细教案。结合学情，另辟蹊径，提出独创性的设计方案。要求做到熟读教材，发现疑点，便于在集体讨论时解决。第二级是集体备课：是备课组内集体层面上的备课，体现的是同伴互助、团队合作的精神，以达到资源共享的目的；教师在集体备课时，要遵循"整体——部分——整体"的思路，分别陈述各自的备课方案，最好采用"说课"的形式进行比较，以便扬长避短，统一思想，达成共识。第三级是修正教案备课：是根据集体备课的成果，结合自己任教班级学生的认知水平，再对教案进行个性修正，使之更适合于自己的教学风格和学生的学习特点，以便更好地授课和提高课堂效率。第四级是课后反思：是教师授课后进行的交流，以随笔、课后记的形式不断反思，有利于课题研究和总结经验。

三、发挥教研组教学研究作用，提升备课质量

教研组要针对本学科教师实际，组织教师认真学好课标，进行教材教法研究，帮助教师转变教学观念和教学方式，提高教学研究水平。任何学科的教研课题都是从教学实践中来的。教研要按照问题即课题的要求，从大处着眼，小处入手。从备课组的集体研讨中发现问题，寻找教研空白，针对教学中的问题和疑点选题，强化课题和集体备课的过程管理，提高教研与备课紧密结合的实效性。搞好课堂教学有效性策略的研究，形成有效教学的基本框架和教学策略。

按照选定课题、制定方案、收集资料、分析备课案例、形成备课成果五步进行。根据这五步要求从问题入手，强调集体教研要从教学中遇到的新问题、新困惑入手，对遇到的问题和困惑开展针对性较强的分析和诊断。从而对症下药，指导教学。

一节课，老师们看到的是精彩的教学场面，是表象。实际上教学效果好，不是因为上课老师的灵感，而是老师们长期积淀的具体体现。备课从多角度多方面想学生所想、疑学生所疑，共同解决教学中遇到的各种困惑，为教师的教学研究提供广阔的智慧源泉和创新空间，进一步放大教研组、备课组的传带功能，使教师分工协作的整体效益得到极大提升。

总之，集体备课充分发挥教师的集体智慧，促进教师之间优势互补，加强教师的教学反思，有助于教师教学理念、教学科研及整体素质的提升，有利于增强教师的合作意识，凝聚教师工作合力，营造良好的教学研究氛围，从而为整体性、大面积地提高课堂教学的有效性提供有利的条件。

学生评语评价浅探

一、评语改革的背景

新一轮课程改革倡导立足过程，促进发展的课程评价，这不仅是评价体系的变革，更重要的是评价理念、评价方法与手段，以及评价实施过程的转变。教师与学生沟通的渠道除了上课、作业、谈话等方式外，还有各类亲和力较强的评语，评语是指一个阶段后老师对学生个性的定性评价，它一直是老师、家长衡量学生在校表现的一种有效手段，在学生认识自我、完善自我中发挥着很大的作用。

就小学生而言，他们都有自己的智力优势领域，有自己的学习类型和方法，学校里不存在差生。由此看来，教师的评语不能仅仅停留在聪明不聪明的问题上，正是这种智力差异，使得每一位学生看起来都与众不同，因此应该倡导一种丰富多彩的评语观，为他们取得成功提供多种选择，引导他们走入个人适应的领域，使其扬长避短，减少挫折和学业的失败，从而激发学生潜在的智能。加德纳认为，每个人的智能都有独特的表现形式，每一种智能都有多种表现方法，所以很难找到一个适用于任何人的统一的评价标准。所以，应通过多种渠道，多种形式，在多种不同的实际生活和学习情景下为他们做出科学的评语，从多方面观察、评价和分析学生的优点和弱点，并把由此得来的资料作为服务于学生的出发点，以此为依据选择和设计适合学生发展的评语。

二、研究与改革的目标

新课程的核心理念是为了每一位学生的发展，倡导的是师生平等、共同成长的理念，所以评语首先要让学生参与其中，教师在不断修正、观察学生的同时，去了解学生的真实感受，从更广阔的层面拓宽自己的教育教学视野，关注学生。

新课程有两点精神在教师操作评语写作时引起了较大的反响：合作精神和体验快乐的精神，而这两种精神正是我们以往评价学生时所缺少的。合作精神在评语写作中应该是两个层面：1.写作过程是老师、学生、家长的合作协调；2.学生之间通过评语相互认同、相互学习。

体验快乐的精神同样在评语中起重要作用，试想：我们在评语中写了一连串学生的不足，学生何来积极自信的态度。只有在关注孩子学习的成长中努力发现、挖掘优点，让他们能获得一份成功的喜悦，这样才会有不断前进的动力和信心，因为最高境界的成功快乐感源自于成就感。因此在评语写作中关注每一个孩子的情感体验，用教师的一颗爱心去呵护他们，注重对学生自信和自信品格的培养。与新教材、新课程相一致，在评语中让学生感受到自己的进步，体验成功的快乐，对存在的不足，相信通过自身努力来完善。注重家长、学生、老师间的团结协作，调动学生与家长的积极性，从而提高学生的自我认识、自我促进能力。以人为本，关注学生的学习、生活，尊重学生人格，尊重学生感受，培养其具有良好、正确的人生观。

三、通过评语反馈发挥评语的激励功能和促进作用

通过评语反馈，学生能够了解自己目前的学习状态，看到自己的成长和进步以及存在的不足，还有得到教师、同学和家长对改进学习所提出的建议，这些都有助于促进学生的发展。

发挥评语的激励功能要建立在对学生学习的过程及其发展变化有深刻认识的基础上。无论是采用激励性的语言、荣誉卡或是大红花，如果没有明确的目标、准确观察、资料收集、恰当的评语，随意激励是无法对学生起促进作用的，而且还有可能对学生产生消极影响，造成很多学生只能听表扬，不能听批评，认识不到自己的缺点和不足，盲目乐观起来。此外，随着学生认识自我能力和愿望的提高，他们会对表面化、形式化的激励感到乏味。

激励不在于对学生一味表扬或藏拙，只要教师与学生形成坦诚、关怀和相互尊重的关系，并用发展和全面的眼光看待学生，逐步培养学生客观地认识自己，提高他们的反省能力，不因为存在某些不足而怀疑自我价值，这样即使教师指出学生不足甚至是批评，学生所感受到的仍是教师对自己的关注和期望，并由此产生进步的动力。

对于低年级的学生，在评语反馈时要注意考虑采取学生喜闻乐见并符合学生年龄特点的形式，但仍不能忽视学生发展的目标，盲目追求形式化的激励，认为只要学生快乐就行了。对于低年级学生来说，培养学习兴趣和良好的学习习惯，掌握正确的学习方法，学好基础知识和基本技能是非常重要的。此外，在低年级学生的学习和生活中，同样应包含探究、实践和创新等基本要素，只不过其表

现形式与高年级的学生和成人不同而已。这些都需要在一定的学科教育教学目标指引下，通过评语反馈不断促进学生发展。

四、将评语渗透到教学的各个层面

评语内容要多元化，不能将着眼点只放在学期总结上，根据加德纳多元智力评价，将着眼点辐射学生语言、音乐、数学、运动、人际关系这些广阔的平台上，不一定非要在报告册上，还应该在作业本、绘画作品等上面出现评语，使评语充分发挥其作用。

（一）从批改作业方面进行探究

以前作业的批改，一般就是根据完成情况给予评分或等级，缺少人文关怀。作文评语也显得枯燥乏味，诸如语句通顺，条理清楚，重点突出之类的话语，见得多了，学生也就不愿去读，何来改进呢，作业发下来后，对老师的批语也是置之不理。比如，我们让学生办手抄报，不是简单展示，而是同学、师生之间祝愿式的评价，我们可以为他们的手抄报写上这样的评语："多好的色彩、多美的画面，如果书写更工整一点，那就完美无缺了。"还有"这么美的字，如果配上漂亮的画，效果一定不错"。在一次作文练习中，笔者出示的题目是《我心目中的好老师》，孩子们在文中表达对老师的意见或建议，甚至是鼓励，他们在语言上还显稚嫩，结构简单，基于此，我们的评语就不能停留在对他们用词、结构安排等方面挑刺，应该针对不同孩子的学习状态、情感表达，科学、恰当地书写评语，比如，你心目中的老师真有这么棒吗？看了你的作文，你已成为我心中的朋友。实施改革后，对学生的作业除了根据完成情况予以优良、中、差的等级外，对有进步的及时在作业中给予肯定，用上一些激励性的评语，并加以展示。作文评语注意了对学生的针对性、启发性及人文性关怀，这样，会增加他们写好作文的信心。

（二）学校、家庭形成合力，共同操作评语

个别好动、自控能力较低的学生，出现的不足易反复，建立家庭、学校的联系表、联系本，对他多方面加以督促，不失为一种好办法。如某班同学，好动厌静，注意力极易分散，上课参与意识弱，对学生在校应该与不应该知其意但不见行动，为了达到督促、提醒、帮助、鼓励的作用，笔者请家长、孩子及数学老师坐下来谈心，让孩子说出自己的内心感受，由他自己制定学习目标，每天对自己的学习状况在伙伴和家长的帮助下写出小结，让家长及时了解，写出意见，再由老师进行评价。这样加强了学校和家长的横向沟通，对她既有监督，又多鼓励，使她有了很大进步。这一方法在其他学生身上也起到同样的作用，有益的评价带动学生各方面的表现。

（三）开展学生互评活动

利用班队会时间学生互评、自评，评选本周进步最大的、表现最好的学生，以达到自我教育的目的，如填写学生学习情况评价表，设立我的成长足迹进行公布、表扬、评比，培养学生个人荣誉感和班级荣誉感。特别是学生互评中要淡化等级和分数，淡化学生之间的相互比较，强调对"作品"的描述和体察，强调关注同学的优点和长处，强调自我反思。学生的成长过程，笔者是通过成长足迹和学生成长袋进行评价的，比如，在成长袋中，设计一份表格，"老师眼中的我"这个栏目，通过老师对孩子的全面、贴切的评语，使孩子们能够正确认识到自己在老师心目中的位置，同时发现自己的不足，这样的评语是充满爱心和鼓励的建议，并不是冷冰冰的学生总结；第二个栏目是"同学眼中的我"，通过这个栏目让学生之间成为真正的伙伴关系，孩子的眼睛是明亮的，也是纯真无邪的，他们对同伴的一举一动记忆犹新，因为他们是站在平等的位置看同伴的，他们的评价不修饰，不掩藏，这样的评语会使孩子们从伙伴的眼睛里发现自身的闪光点，给予他们信心与鼓励。需要注意的是，不要让学生的注意力集中在给对方打分数或划分等级上，这样不但无助于学生向他人学习，而且还会造成同学之间互不服气，只关注对方的缺点和不足，评价变成挑错和指责。

依托课堂，优化工作室教研途径

　　作为小学语文名师工作室领衔人，基于教育教学研究解决如何构建小学语文高效课堂实际问题，通过理论学习、课题研究、教学反思、教学巡回研讨等形式，开展教师培养工作是带好团队的关键。在工作室研修中，必须大胆开拓，勇于创新，不断探索适合学校实际的教学、教研模式，为一线教师的专业成长助力。

　　一、读书学习，让教师的专业成长更快捷。

　　加强理论学习，把提高教师理论修养作为重中之重，促进教师专业成长。工作室一直很重视教育教学理论的学习，为了让工作室的成员更好地学习理论知识，本着专业需求、各取所需的原则，特别在各成员学校之间开展教育专著类书籍阅读漂流活动，为老师们提供《怎样培养真正的人》《和教师的谈话》《语文教学谈艺录》《教师的人格魅力》等多部精选理论书目，要求各成员不断充电，认真学习并做好读书笔记。采用漂流阅读方式，解决各成员校分散不易集中学习的难题。

　　二、扎实教研，为教师专业成长搭建平台

　　1.教师研修群，让教师的交流更快捷。

　　为了更有效地利用网络进行交流，为了弥补平时集中研讨的众多不便，创建工作室研修群，利用研修群进行网络教研，突破了教师之间只能小范围、短时间互动的局限，使教研全员参与、大范围经常性交流变成了现实。研修群吸纳了热爱语文教学的一线教师，改变骨干教师在课改中演主角的局面，即最大化地实现思想共享、全员参与，让更多老师得到成长。利用网络把教师共同开发的课程资源全部进行归类整理，建立学科教学课程资源库，如课件库、试题库、最佳教案库、优秀案例库等，努力实现教学资源的整合、共享，实现专业引领、同伴互助、自我反思的教学模式。

2.四级备课，促使教师不断反思

工作室实行分组集体备课制度，以备课组为单位，开展四级备课：个人备课——集体备课——修正教案——课后反思。第一级是个人备课：是由工作室成员独立完成的备课，它是教师个体层面上的备课，是所有备课的基础；第二级是集体备课：是工作室集体层面上的备课，体现的是同伴互助、团队合作精神，达到以资源共享为目的；第三级是修正教案备课：是根据集体备课的成果，结合自己任教学校实际和学生的认知水平，再对教案进行个性修正，使之更适于自己的教学风格和学生的学习风格，以便更好地授课和提高课堂效率；第四级是课后反思：是教师授课后进行的交流，以课后记载的形式不断反思，有利于找准研究课题和总结教学经验。

3.依托课堂，实现高效教学

以专业引领、同伴互助、交流研讨、共同发展为宗旨，打造以教育科研为先导，以课堂教学为主阵地，以网络交流为载体，融科学性、实践性、研究性于一体的研修团队。主攻语文生态课堂、高效课堂。着力强调两点：一是课堂上教师高效教学，包括教法研讨、高效提问、优化教学设计、优化课堂评价等；二是学生有效学习，包括课堂听讲、课堂练习、课堂思维等。力求在一个工作周期内使教师在师德规范上出样板，课堂教学上出精品，课题研究上出成果，管理岗位上出经验，实现工作室研修员的专业成长和专业化发展，以引领学科教学共同发展。

三、建设网站，为教师交流实现共享

1.加强网站建设的学习培训，使研修网站能够尽快建立并运行。组织全体研修员就网站的基本情况、网站内容的上传方法等方面进行多次培训，使每位教师尽快熟悉网站的基本运行，从而保证后续工作的良性循环。

2.根据实际需要设置网站导航栏，使网站的运行切实为成员的发展服务。围绕高效课堂的研究目标及各兄弟校教学实际，确立备课中心、课堂教学、课题研究、运行轨迹、活动掠影、交流空间等栏目，并设立具体的内容分类。使网站内容将教学和科研结合起来，将课内和课外结合起来，真正成为大家交流经验、共享智慧的乐园。

3.注重运行管理。工作室把开展网上交流和研讨活动办成一项常态活动，通过成员上传精品教案、教学札记、读书笔记等供大家交流。为了有效地运作和管理，将内容进行分类，并适当搭配，滚动上传，管理员及时备份，为工作室研究提供第一手资料。

四、科研引路，影响辐射区域内学校教科研发展

教育家苏霍姆林斯基认为："要使教师对工作感兴趣，必须引导其走上科研之路。"课题是科研活动的一个载体，让教师在课题研究中反复学习实践是提高教学质量的必由之路，也是提高教师业务能力的练兵场。工作室倡导校校有课题，人人做科研的办学理念，要求每位教师都参与到课题研究中来。老师们立足教学实际，着眼教学中迫切需要解决的问题，提出了许多具有价值的课题——《小学语文课堂练习设计的研究》《提高后进生阅读能力的策略研究》《提高小学生诵读能力的策略研究》……通过开展学习——实践——研讨的研究活动，教师头脑中陈旧落伍的教育思想被激活，强烈的科研意识和崇高的科研精神得以形成，教育理论素养和教学科研能力得到提高。组织教师认真选题，并请专家或教师做好论证和前期调查，确定课题研究方向。根据实际情况，制定课题方案及阶段安排，形成各阶段研究案例、反思及总结，保障课题活动的有效运行。分析整理各阶段调查数据，形成理论依据，有效指导工作室各成员及成员校扎实开展研究工作。因此，学校努力为教师营造良好的科研环境，鼓励教师投身教育科研中锻炼自己，提高能力，并建立工作室——片区组——成员校——实验教师四级科研管理网络，开创学校、教师、学生、家长全员参与课题研究新局面。

——写给平凡的教师岁月

全心全意为教师成长做好服务，实现学校可持续发展

摘要： 一所学校的发展，首先是教师队伍的发展，以过硬的师资队伍带动学生的良好成长，促进学校的整体发展。作为管理者，要牢固树立管理即服务的理念，以师生发展为本，带动家庭教育整体提升，为学校良好发展做好奠基。关注教师的专业发展，让每一位教师的专业得到充分的提高，使广大教师充分认识到在学校中，学生要成长，教师也要成长。教师只有具备先进的教育理念，了解最新的学科知识，掌握精湛的教学艺术，才能应对课改的挑战，才能拒绝平庸，追求卓越，这不仅是学生成长的需要，也是教师自身发展的需要。

关键词： 引领　培养　研究　发展

一、立足现实，引领教师走一条心灵致富之路

（一）做教师思想的引领者

如果说思想引领是学校管理的风向标，那么教育管理者的思想应来自于立德树人的责任与使命、根植于对学校文化的分析提升、把握教育发展的脉搏与动向。始终把"双主体育人"的思想放在学校工作的首位，学生是学习活动的主体，教师是教育工作的主体，

两个主体在不同的层面通过自育、互育、协调互动，达到共同成长，是生命影响生命的教育。人生三件事：做人、做事、生活，教育就是围绕三件事：学会做人、学会做事、幸福生活。教育就是生活，生活即教育，没有教师的幸福，就没有学生的快乐，因此必须倡导，过一种幸福完整的教育生活，就是把教师的发展放在首位，提出教师享受教育的幸福，享受成长的幸福，享受自己发展的快乐，让教育信仰引领教师实现教育生活的幸福。作为一名基础教育工作者，今生也许成不了教育家，但一刻也不能放弃这一追求，必须竭尽所能，心存高远地谋划学校发展，策划教师成长，促进学生成才，打造和谐奋进的团队，使校园文化理念得到传承和发展。

（二）关注教师身心健康

近年来，教师的社会地位、工作环境和生活待遇等都有了很大提高和改善。同时也应该清醒地看到，处在社会转型的过程中，教师的身心健康状况却令人担忧。有调查说明，当前中小学教师身心健康方面存在的问题集中在两点：1.长期超负荷工作，诱发多种职业病；2.承受压力大，心理问题居高不下。教师的职责是教书育人，教师的一言一行都对学生尤其是学生的人格成长起着潜移默化、长期而深刻的影响，教师的身心健康状况直接影响着学生的学习质量和心理健康。因此，确保每位教师的身心健康便尤为重要。

1.细节引领

细节就是学校文化、学校理念得到传承与发展的最有效行为。细节可以创造品牌，从清晨的相互问候，到教师的发式与饰品佩戴，着装规范，办公室卫生及桌面和物品管理，办公室里的交流主题，课堂教学时的规范用语，肢体语言，试卷寄语设计及作业的批改，与家长电话沟通禁忌，家长会上教师形象气质及语气语调定位等。要求有很多，时间长了，规范会成为自然，制度会成为习惯，学校的校风、师风、学风就会自然形成。这是一个教育提升过程，这个过程说来简单，实际是一个极其复杂的习惯养成过程，其实一个学校的风气、文化也就孕育在这个过程中。

2.心态引领

人的心态决定工作状态。目前，中小学教师普遍感到当教师压力太大，对学生的教育轻了不成，重了更不成，可是家长、社会却对学校、教师寄予了无限的期望，而孩子们又是历史以来最活跃、最懒惰、最渴望自由的一代，面对这些，老师们感到当教师真难，教师心理压力甚大，所以应着手转移教师注意力，转移压力。在这个竞争激烈的时代，保持良好的心态比历史上任何一个时候都更加重要。为使大家保持良好的心态，我们想方设法引领教师以平和的心态对待工作，把"小事"做大，把"大事"做小，把"简单的"做复杂，把"复杂的"做简单。在荣誉评选活动中，必然存在竞争与角逐，引导大家关注过程中的评价，而对于是否拿到获奖证书，已经不是最终目标。引领教师这样对待自己的职业——我们在做快乐的事业。在这个过程中，我们深深感受到，每一个问题的解决，都是对教师思想引领、锤炼的过程，学校恰恰是在解决很多敏感问题的过程中，注意教师心态的调整，在不断熏染中形成趋于一致的情感、态度和价值取向。

3. 阅读引领

以活动为载体，不仅可以丰富教师文化生活，陶冶教师情操，更为学校创造了精神财富，让校园充满朝气、活力和希望。有人说：一个人的精神发展史就是阅读史。在读书活动中我们创办了学校的"阅读月历"，编辑了"走进肖川""走进百家讲坛"，感悟"生命品质教育"等"阅读月历"，并在教研组读书、学习、研讨，以此提升教师的师德修养，更新教育观念，找准教学的宁静，达到育心致远的目的。电子阅览室的创建紧抓时代脉搏，教师可以利用空余时间徜徉于信息的海洋。日常阅读也常抓不懈，每年都要为学校图书馆添置文学、社科、教育教学管理等方面的书籍。广泛征求教师意见，根据教师的意向选择教育教学书刊杂志。举办教师美文诵读会，开展读书交流、读书报告会等，只要对自身修养、职业技能有帮助的书籍，学校便统一纳入学校的公共图书管理。我们的目的是，把读书制度转化为读书习惯，将读书习惯转变为教师内在素养，让这种内在素养推动教师专业上的提高。

在活动中，老师们积极参与，既丰富了教师的文娱生活，开拓了教师视野，又促进教师的心理调节，心态平衡，可谓一举多得。老师们对教育事业的那种热爱，对学校发展献计献策，对孩子成长呕心沥血，也深深地感动着每一个家长朋友。的确心灵需要心灵去温暖，献出一片爱心，得到的将是整个世界。

二、梯度培养，引领教师走一条成名成家之路

本着让每一位教师有进步，让每一位教师有收获，让每一位教师有发展的原则，推进精致管理，探索精致教育，分层次、有梯度

培养，引领教师走一条名师之路。努力打造名师工程，坚持走名师治教之路，建设和塑造专家引领型的治校团队，名师带动型的教师队伍。

具体做法是分层推进促骨干:领军教师→骨干教师→新秀教师→放心教师。对不同梯次的教师定不同的培养目标，为不同层次的教师搭建展示的平台，通过师徒结对、外出学习、重点培养、督促自学、专家指导等途径培养名师。

1.领军教师

领军教师道德素养优良，业务能力过硬，专业贡献显著，团队建设突出，能在学科教学研究中起到带头作用，带动全体教师业务素质提高。培养一批教研能力强、教学水平高、教学成绩优的在区内外有名气、有影响的领军人才，提高学校教育的知名度和影响力。以 5 年为周期，向省内外名师、名校学习，争取名师、名校的支持，发挥专家引领的作用，促进领军人才成长。有目标、有选择地培养后备人才，保证领军人才的可持续发展。

2.骨干教师

按照引进优秀的人、用好现在的人、留住关键的人、培养未来的人的培养思路，加强管理，周密组织，认真落实骨干教师培养工作，千方百计创造条件，让领军教师将骨干教师送上个人发展的快车道，学校通过名师工程，实施专家引领导航，学术研讨促动，外派培训进修等策略，培养德业双馨的骨干教师队伍，在学科前沿中占领制高点。骨干教师做到四带头——带头上好示范课、带头搞好课题研究、带头运用现代教育技术、带头总结经验撰写论文。

3.教学新秀

师徒结对：骨干教师与教学新秀培养对象建立师徒关系，互动交流，共同成长。

互动探讨：搭建平台，倡导新秀教师互动交流，如听课、评课、研讨、学习等。

教学新秀再成长：教师成为新秀后通过压担子、引路子、搭台子，督促他们进一步成长为骨干教师或领军教师，并让他们再培养年轻教师，使新秀教师既有成就感又有专业压力和动力。

4.放心教师

年轻教师都是渴望进步、成长和发展的。学校应采取"帮上去、推出去"的办法，有计划地培养，在工作中努力创造学习机会，搭建更加宽广的展示舞台，使他们在各种形式的授课竞赛和观摩活动中得到锻炼，能够叫得响、推得出、赛得赢，成为学校放心教师。

三、拓展领域，走一条宽广的研究之路

借助名师工作室、片区教研组、明星教研室等多种平台，采用理论学习、课题研究、教学反思、教学巡回研讨等形式，开展教师培养工作。在教学管理工作中大胆开拓，勇于创新，不断探索适合学校实际的教学、教研模式。

1.为课堂注入生命力

如何使课堂焕发生命的活力，让课堂成为师生共同成长的平台，提高课堂教学的有效性，是课堂教学永恒的追求。采用分层推进促骨干的方式进行课堂教学，对不同梯次的教师提出不同的成长要求，

——写给平凡的教师岁月

比如每学期安排新分教师的入门达标课，5年以上教龄教师的成熟课，外校调入教师的提高课，各学科骨干教师的专业引领课，还有针对教科研方面的研究课以及外出学习归来的汇报课等等，通过多种形式的课堂教学比武，发挥自身的榜样作用。

2.构建现代化校本教研信息平台

在学校的引导和鼓励下，老师们在教学中遇到了问题，或是有了一些心得和体会，会马上发布在学校的教育教学论坛里，如果是共性问题，那么一定是一石激起千层浪，大量跟帖随之而来，很快成为校园网上讨论的一个热点。而这些网上的热点问题，正是我们需要集中力量去研究、反思的最佳研究课题。为了便于老师们的交流，实现资源共享，我们还利用学校网络系统建立了各年级组、学科组的共享平台。各教研组可以根据自己的实际需要设计自己的资料收录模式，把教研过程中学习的资料、教学设计、教学实录、研讨记录、反思心得、研究成果等收集起来，并提供给校内外教师共同分享和使用。

全心全意为教师发展服务就是为了全心全意为学生服务，一所学校能否卓有成效地完成培养人才的任务，关键在教师。努力建设一支静下心来教书，潜下心来育人，学生喜爱，家长放心，社会满意的教师队伍，是我们不懈的追求。

《小学语文阅读教学有效策略研究》结题报告

（省级重点规划课题）

一、问题的提出

小学语文阅读教学是语文教学的重要组成部分。语文教材都是以几十篇文质兼美的文章和文学作品为主体。这些文章和作品是学生学习祖国语言的典范，是识字的有效途径，是学习作文的范例，是了解民族文化传统、拓展知识视野、培养道德情操和审美情趣，及锻炼思维能力的凭借。"阅读是搜集处理信息、认识世界、发展思维，获得审美体验的重要途径。"（"课标"语）因此，语文课中，阅读教学占得比重大，用得课时多。语文教师在阅读教学中投入的精力大，花费的时间多。因而，人们一提到语文课，往往想得较多的是阅读教学。在有关语文教学研究的论文中，语文教学过程往往是阅读教学过程的同义语；语文教学方法常常是阅读教学方法的代名词。这就不难看出阅读教学在语文教学中的重要地位。

随着课程改革的不断深入，不少语文教师发出越来越不会教了的慨叹，这种慨叹也基本是针对阅读教学而发出的。首先是因为在语文教学课堂中集中地反映出一个教师的语文教学理念，集中地表现出一个教师驾驭教材、控制课堂、组织学生、运用教法的能力和

——写给平凡的教师岁月

水平。其次，阅读课是以一篇篇文章为师生课堂对话的中介。"阅读教学是学生、教师、文本之间对话的过程"。（"课标"语）文章，都是一个以文字为媒介的、表达特定思想感情的、有篇章结构的统一整体。富有思想性、情意性和美感性的文章，都讲究结构完整、用语准确、表达清楚。语文教师要研究和处理好每篇文章，要调动多方面的知识储备、全方位的理论素养，甚至教师的人格魅力。由此可见，阅读教学也是语文教学的难点。

阅读教学是语文教学的重点和难点。要提高小学语文教学的有效性，是可以把提高阅读教学的有效性作为突破口。

本课题就是基于以上种种，提出小学语文阅读教学有效策略研究，目的是从现状出发，积极探索学生有效阅读的方法与策略，力求达到小学语文阅读学习的效益最大化。

二、本课题关键词界定及课题名称的解读

（一）"有效"：包括有效效益与有效效果，有效效益主要是指经过我们一段时间的教学之后，学生所获得的具体进步或发展，也就是说，学生有无进步或发展是教学有没有效果的唯一指标。教学有没有效果，是指学生有没有学到什么或学生学得好不好。

（二）"阅读教学"：阅读教学不是教师讲学生听，也不是学生自己看。阅读教学是学生、老师、文本之间对话的过程。教师在教学过程中充分发挥学生的自主性，注重学习方法的指导，放手让学生做力所能及的自主学习。学生在阅读活动中具有自主性、独立性，教师则起引导、点拨的作用。阅读教学对学生来说，是一个学习理解语言，掌握阅读方法，汲取知识，提高认识，发展思维，丰富思想感情的过程。

（三）"阅读教学有效策略"：是学习策略在语文阅读教学中的表现形式，具体是指语文阅读有效教学在教师指导阅读过程中，根据阅读任务、目标及阅读材料特点等因素所选用的促进有效理解的规则、方法和技巧。阅读策略与课堂阅读方法相比，阅读策略更具有技术性、实效性和针对性。

语文阅读有效教学策略的目标应指通过课堂阅读教学使学生获得发展。具体地说，可以从以下三个方面审视：1.有效的语文阅读教学是关注"全人"发展的教学；2.有效的语文阅读教学是促进语文学习、提高语文教学质量的教学；3.有效的语文阅读教学是呼唤效益意识的教学。一句话，学生语文能力、语文素养的发展是衡量语文阅读教学有效性的基本标准。本课题研究的重点是立足语文阅读有效教学，并探索课外有效阅读的方法与策略。

三、本课题研究的主要观点和结论

（一）探索提高小学语文课堂教学有效性的准备策略

1.教学目标制定的策略

新课程背景下课堂教学目标的价值取向已开始从过去"强调双基"转变为关注学生的进步和发展。为了提高课堂教学的有效性，我们从教学目标的角度来探索提高小学语文课堂教学有效性的策略。

（1）了解语文课堂教学目标叙写的新要求

根据美国著名教育家马杰的观点，教学目标的叙写应该反映三个方面的问题：要求学生做什么？根据什么标准去做？做到什么程度算合格？

本课题组认为新课标以行为目标来表述课程内容标准，教师制定目标的依据是课程标准，也采用行为目标表述方式：

①行为主体学生化。要把每项目标描述成学生行为而不是教师行为．如，"学生能……"

②行为状况动词多样化，尽可能是可理解、可观察的，如：写出、背出、说出、辨别、对比、理解，评价、判断、描述、总结等。

③行为条件情景化。描述行为发生通过的媒体、限定时间、提供信息，如"通过听说交流……""通过搜集资料……""根据课文所提供的情境……""通过本次综合性学习……"等。

④行为标准表现程度具体化，如："能根据图片写几句通顺的话""认识 10 个生字，会写 8 个字""理解含义深刻的句子"等。

(2) 明确语文课堂教学目标制定的新标准

①要把握住教学目标的阶段性

每个年段，教学目标都不一样。以阅读教学为例，《语文课程标准》对低中高三个年段的要求有明确的规定：

低年级：培养阅读兴趣；在阅读中识字，学词；通过朗读和借助图画阅读，了解重点词句的意思；积累好词佳句。

中年级：加强朗读，练习默读；学习用多种方法理解词、句、段；初步把握主要内容，体会思想感情，体会词句的表达效果，初步了解一些表达方法；学习略读，粗知大意；养成读书看报的习惯。

高年级：进一步提高阅读的速度与质量，能体会词句含义、感情色彩和表达效果；揣摩文章的叙述顺序，初步领悟基本的表达方法；学习不同文体文章的阅读；学习浏览，能根据需要搜集和处理信息。

②要体现目标的三个维度，更要突出语文能力

小学语文要唱好"八字经"：识（识字）、书（写字）、读（阅读）、记（积累）、说（口语交际）、写（习作）、法（学习方法）、习（学习习惯）。要强化语言学习，落实能力、方法、习惯的培养。

③要提出"三维"整合的、简而明的教学目标

备课时对教学要达到的目标进行整体思考，既要明确"三维"目标的达成度，又要确定实现目标的方法、手段、策略，而后用简明的、条分缕析的、策略与目标相联系的语言加以描述。

（3）课前通过访谈、集体备课、单元整体教学目标设计等形式提高教学目标设定的有效性

访谈是了解学情的方式之一，目的是要了解学生已有的认知基础和需求。在进行访谈时，可以考虑这样一些问题：关于这个单元的知识点，学生已有的知识和经验是什么？

学生有没有认识到这些内容的思维方法？关于这方面的知识，学生感兴趣的是什么？最想了解什么？学生喜欢的学习方式是什么？

集体备课是把教研组或片组教师组织起来集体备课。集体备课重在研讨：一是课程标准、年段目标、教学内容。二是现实条件，这个单元需要用几个课时上完，现有的整体教学资源如何等。三是单元整体教学目标设计，如：如何根据学生的学习状况不断调整教学内容和目标的实施过程。

（4）采用课例研究和课堂观察的研究方法来提高教学目标实施的有效性

在课例研究中，教师主要是要研究教学目标的"三度"：适宜度、操作度、达成度，教学目标的适宜度是看目标的设定是否符合课程标准和学生实际，是否靠近学生的最近发展区；操作度主要是看新知目标的滚动是否有效，教学方法、教学活动是否与教学目标的指向一致；达成度主要是看学生对新知的学习效果，任务活动的完成效果以及在活动中的进步与发展。

（5）采用访谈、反思和谈课的形式来调整具体的教学目标

在课后教师也可以采用访谈、反思和议课的形式来调整教学目标，如通过访谈和计时后随机抽查了解学生的学习状况。通过教学反思和议课的形式来内省或观察教学目标在组织和实施中的问题，或在课堂教学中生成的一些内容，综合这些办法，教师就可以不断地接近预设的目标，并通过课堂的具体生成对目标进行微调。

2.教学方案编写的策略

具体说来，一个教师在准备教学时，必须要解决下列这些问题：教学目标的确定与叙写，教学材料的处理与准备（包括课程资源的开发与利用），主要教学行为的选择、教学组织形式的编制以及教学方案的形成等。

3.教学资源利用的策略

《语文课程标准》中明确指出："语文课程资源包括课堂教学资源和课外学习资源，例如：教科书、教学挂图、报刊、电影等等，自然风光，文物古迹，风俗民情，国内外的重要事件，学生的家庭生活，以及日常生活话题等也都可以成为语文课程的资源。"

为了提高课堂教学的有效性，我们从教学资源利用的角度来探

索提高小学语文课堂教学有效性的策略。

（1）利用好语义教材，发挥教材的多种功能

（2）利用好学校的课程资源

（3）利用好生活资源

（4）善于把学生作为一种课程资源

（二）探索提高小学语文阅读教学有效性的实施策略

本课题组深入理解卓越课堂模式建设的意义与内涵，树立了以学为本，问题导学的教学理念，潜心研究，积极实践，逐渐摸索出了我校语文教学"导——读——议——用"教学模式，在实践中取得了初步成效。

1. "导——读——议——用"教学模式简介

（1）"导——读——议——用，快乐参与"教学模式的提出

语文课堂教学属于教学实践范畴，与教师的教学理念息息相关，它不仅是教学形式的问题，更是教学理念的直接体现。在新课程改革的理念下，教师应该树立起学生是自主学习者、问题学习者、独特学习者、快乐学习者的新学生理念，应该树立起教师是学生学习的组织者、引导者、促进者的新教师角色理念。在新的课程理念下，我们应改变过去传统的单向传输课堂教学模式，构建起学生自主、参与、探究的语文课堂教学新模式，让语文课堂真正成为学生自主学习的主阵地。

通过新课程理论的学习，结合外地先进学校的经验，根据我区当前语文课改教学实际，现提出"导——读——议——用，快乐参与"语文课堂教学的模式，以供广大教师实践与探索。

（2）"导——读——议——用"教学模式的内涵

①教学模式的灵魂：以学为本

以学为本，是学校健康发展的内在要求，教学中要以教师为主导，以学生为主体。以学为本，首先要求教师热爱学生，诲人不倦；其次，要求学生努力学习，尊师重教；第三，要求教师做到教育管理，统筹兼顾。

②教学模式的基石："问题导学"

我们把"问题导学"作为新模式的基石，使得学习的重心从知识习得转变为"问题导学"，即提出问题（任务、项目）成为学习的起点，解决问题（项目、任务）成为学习的最终目标，知识习得成为问题解决过程中的自然生成结果。

2.模式特色——导

（1）问题导学

确立"问题导学"的思想，希望能尽快实现从接受型教学向质疑型教学的转变，逐步构建起课堂的"思辨文化"；要倡导以问题为纽带，发展学生的发散思维和批判性思维。

"问题导学"的价值在于通过"问题串"引导学生深化学习。学校提出学案中问题设置的几个原则：问题要有一定的思维含量；问题要紧扣教学内容和中心环节；问题要有梯度；问题难度要适宜；问题要有针对性；问题要清晰；问题要少而精，做到教师问题少而精，学生质疑多且深。

①抓题眼提问，激发学生学习的兴趣；

②抓关键词句提问，引导学生主动参与；

③抓主要线索提问，促进学生自主学习。

（2）目标导学

所谓目标，可以从两个角度进行理解。从老师的教学行为而言，目标为教学目标；从学生的学习行为而言，目标为学习目标。

老师在确定明确的教学目标后，必须提出几个与教学目标紧密相连的有价值的问题，让学生进行自主学习，这就需要老师在充分研究课标、教材和研究学生的基础上认真编写学生学习的学案与教学的教案。

学生要学会学习就必须学会阅读。老师要指导学生阅读的方法，学生根据明确的学习目标，通过自学，能够理解和辨析重点字、词、句的确切含义，能够初步领会和把握文本的结构、层次、中心、要点，能够把握和领会文章的精神实质。能够学会浏览、速读和精读、细读的本领。

（3）参与导学

课堂教学中的参与，是指学生个体的参与，学习小组的参与，教师的参与。我们提出一个在问题呈现后的一般讨论探究程式。一是鼓励学生自主言说；二是引导学生参与补充；三是教师指导纠正；四是师生总结升华，形成知识网络或认知方法。

（三）探索小学语文阅读教学的有效评价策略

课堂教学应视作师生生命历程的重要组成部分，语文课堂要充分发挥评价的诊断、定向等多种功能。去关爱学生生命的发展，使课堂中每一个生命个体获得新的成长。

1.导向——帮助学生深化认识，提升经验

——写给平凡的教师岁月

评价是体现老师主导作用，引导学生发展的重要手段。评价的重要功能之一就是导向。好的导向性评价，将起到画龙点睛、总结学法、深化认识的作用。

2.情趣——激发学生深入解读文本的兴趣

教师根据学生的回答和课文的意境进行情趣化的评价，深入地解读文本，感悟文本精神，置身文本的多种情境，积极寻求评价内容与知识点的融合，把评价有机地渗透、附着于学习内容，使它们浑然一体，拭去刻意评价的痕迹，使之少了机械古板，多了感性与灵动，少了程序化，多了想象和意境。

3.诊断——引导学生建构正确的价值观

新课程理念强调尊重学生的独特体验。教师的评价就要及时地发挥诊断功能，避免学生步入思维的误区。必要时教师还要扮演公正法官的角色，及时给予精辟恰当的判决，从而使学生能对自己的学习效果和能力有一个科学的正确估计，并进而明确不足，找出努力的方向。

4.激励——引领学生体验成功的喜悦

富有感染力的评价才会真正产生激励性的效果。如果在恰当的时候，你由衷地对发言的学生说"你真会观察生活""你跟大家的想法不一样，快说出自己的想法"等等就会让学生心潮澎湃，产生巨大的推动力。实践证明，激励可营造宽松、和谐、民主的教学氛围，学生在这种自由的空间里可与老师、同学进行心灵碰撞，情感的融合，不断地获得赢的体验，并在赢中走向成功。

在课堂教学中，我们如能根据学生的年龄特点和个性差异，针对学生的学习态度、方法能力等，以发展的眼光去关爱每一位学生，及时地运用恰当、有效的多元化评价策略，致力营造出宽松、和谐的育人氛围，就会让学生智慧的火花得到迸发，我们的课堂就会焕发出生命的活力！

四、研究的过程方法、主要特色与创新

（一）研究的方法：文献研究法、行动研究法、案例研究法、经验总结法。

（二）研究创新点：

1.经过本课题的研究，初步形成了行之有效的小学语文阅读教学的准备策略、实施策略和评价策略；

2.经过大量的课堂教学实践，形成了便于操作的"导——读——议——用"有效教学模式。

五、研究中存在的问题及今后的研究设想

阅读是有规律可循的。有效的阅读必须是方法正确思维对路的阅读。语文有效阅读教学策略的研究重点就在策略的突破上。阅读过程中必须尊重学生的主体地位。《语文课程标准》中指出阅读教学应"在主动积极的思维和情感活动中，加深理解和体验，有所感悟和思考，受到情感熏陶，获得思想启迪，享受审美情趣"。尊重学生主体，让学生自己去体验，是提升学生语文素养的必由之路。

（一）提高语文有效阅读教学的水平及效果，因素众多，因此要改变学生这种阅读教学现状也会经历很长时间，还必须社会、家庭、学校、教师、学生互相配合，方能奏效快。

（二）老师受教育体制、考核机制制约，急功近利思想较重，且事务繁多，经常接受各种检查，时间、精力有限，很多表现为与其花时间慢慢改变阅读教学方式，还不如多练点题效果来得快，由于理论指导书籍不足，教师的理论水平还有待提高。

（三）从宏观上调解好学生课内学习和课外读书的关系、时间分配，及精力分配，以期达到相辅相成的效果。

（四）如何建立更加科学有效的评价体系。目前的评价，家长和老师都比较注重学生读的量，而没有更有效的办法追求质和量的结合；如何建立一套定性和定量有机结合的评价体系，也是我们遇到的难题之一。

（五）加大课题研究的投资，购进理论书籍，组织教师培训，提高教师的理论及研究水平。

参考文献

1.全日制义务教育语文课程标准 [M].北京：北京师范大学出版社，2001

2.夏家发，杨再隋. 小学语文教育学 [M].武汉：湖北人民出版社，2000

3.杨再隋，夏家发. 语文课程建设的理论与实践——全日制义务教育语文课程标准（实验稿）学习与辅导 [M].北京：语文出版社，2001

4.钟启泉，崔允海，张华，朱幕菊.为了中华民族的复兴为了每位学生的发展——基础教育课程改革纲要（试行）解读 [M].上海：华东师范大学出版社，2001

5.崔允渤.有效教学：理念与策略 [J].人民教育 2001(7)(8).

6.高慎英.刘良华.有效教学论 [M].广州：广东教育出版社，2004.

7.陈琦，刘儒德. 当代教育心理学 [M].北京：北京师范大学出版社，1997

8.布卢姆. 教育目标分类学 [M].上海：华东师范大学出版社.1996

9.崔峦. 课程改革中的语文教学 ［J］.小学语文教学,2005(10XIIX12)

10.陈厚德. 有效教学 ［MV］.北京：教育科学出版社，2000

11.周军. 教学策略 ［M］.北京：教育科学出版杜，2003

12.倪小鹏. 多元评价的方法与实践 ［J］.百度网

13.杨九俊. 教学评价方法与设计 ［M］.北京：教育科学出版社，2004

14.支玉恒. 课堂实录 ［M］.长春；吉林人民出版社. 2001，4

——写给平凡的教师岁月

《姥姥的剪纸》教学案例

1.教学设计

教材简析：

《姥姥的剪纸》是苏教版六年级小语上册中一篇既有时代感又有教育意义的文章。这篇课文采用第一人称，叙写了姥姥心灵手巧，剪纸技艺精湛，围绕《喜鹊登枝》和《老牛小兔》的剪纸展开了"我"和姥姥之间动情有趣的故事，表现了"我"对姥姥的深切怀念之情。选编本文，意在教育学生热爱亲人、懂得感恩。

教法、学法尝试：读悟法

教学目标：

1.能正确、流利、有感情地朗读课文。背诵课文最后两个自然段。

2.联系上下文，并结合自己的生活，理解"熟能生巧、总剪手都有准头了"这句话的含义。

3.凭借具体的语言材料感受姥姥的心灵手巧、勤劳善良和对"我"浓浓的亲情，感悟作者字里行间流露的对姥姥的深情思念。

教学重点：凭借具体的语言材料感受姥姥的心灵手巧、勤劳善良和对"我"浓浓的亲情，感悟作者字里行间流露的对姥姥的深情思念。

教学难点：联系上下文，并结合自己的生活，理解"熟能生巧、总剪手都有准头了"这句话的含义。

教学准备：课件（剪纸、文字资料）、音乐

设计意图：紧紧抓住姥姥的剪纸惟妙惟肖、栩栩如生，姥姥心灵手巧、勤劳善良这条线索，带领学生走进姥姥与作者的内心情感世界。

教学流程：

一、课题入手，明确要求

同学们，生活中有许许多多平凡的人值得我们去讲述，有许许多多普通的故事值得我们去珍藏，现在，请随老师走进一个美丽的山村，走进一位老人家的故事。

师：无论何时，无论何地，只要忆及那清清爽爽的剪纸声，我立刻就会回想起左邻右舍窗户上姥姥剪的窗花。

二、剪纸牵情，阅读感悟

（线索）：只要忆及乡亲们的啧啧赞叹声，我立刻就会回想起左邻右舍的窗户上姥姥剪的窗花。

1.指名学生读课文第一段。

每每回想起这些情景时，我的心情是怎样的？

2.这段话中有一个字非常值得我自豪，能找到吗？（板书：都）

（牵作者的情）：

（1）写下这篇文章第一句话的时候，"我"的心情会是怎样

——写给平凡的教师岁月

的？（自豪的、赞叹的、高兴的、温暖的）

（2）请你带着温暖、自豪的心情读读。

（3）齐读课文第一段。

（牵乡亲们的情）：

（1）这是"我"对姥姥的赞叹，乡亲们又是怎样赞叹姥姥的手艺的呢？谁来读读？（出示幻灯）

（2）指名读"你姥姥神了，剪猫像猫，剪虎像虎，剪只母鸡能下蛋，剪只公鸡能打鸣"。

师：这儿的"神"是什么意思？让你想到哪些词？

生：出神入化

生：形象传神

生：神乎其神

师：怎么"神"？读读乡亲们的话，用几个成语来说姥姥的剪纸——

生：栩栩如生（板书）

生：活灵活现（板书）

……

师：这些成语说得都对，但乡亲们充满泥土味的乡村语言更有味道、最传"神"了，那就是——

生（读）：剪猫像猫，剪虎像虎，剪只母鸡能下蛋，剪只公鸡能打鸣。

师：是啊，此时老百姓充满泥土味的乡村语言才最传神，让我们一起走进那个美丽的山村，去欣赏一下各家窗户上的窗花。

（3）（出示幻灯）欣赏各类精美的剪纸，最后定格在《喜鹊登枝》的窗花上。老师解说剪鱼像鱼，剪对鲤鱼跳龙门；剪牛像牛，剪头黄牛会耕地；剪兔像兔，剪只小兔蹦蹦跳；剪狗像狗，剪条小狗汪汪叫……

3.说说姥姥是个怎样的人？（板书：心灵手巧　勤劳善良）

4.是呀，听着乡亲们的啧啧赞叹，也难怪"我"会发出这样的感叹：无论何时，无论何地，只要忆及乡亲们对姥姥的这些啧啧赞叹声，我的心境与梦境就立刻变得有声有色。（板书：有声有色）

（线索）：只要忆及那悦耳至极的剪纸声，"我"就会立刻回想起姥姥剪《喜鹊登枝》的事。

（牵作者的情）：1.当"我"这样想的时候，我的心情会是怎样的？（自豪、喜悦）

（牵学生的情）：2.默读文中描写这些事情的段落，把你觉得甜蜜的、温馨的、依恋的地方用波浪线画下来，反复地在心中读上几遍。

5.带着你的情将画下的句子读给大家听听。好吗？

（1）指名读句子："我是个出名的调皮蛋，经常变着花样刁难姥姥。一天，我用双手死死地捂住姥姥的双眼，让她摸着剪窗花。"

（2）从这段话中可看出"我"是个怎样的孩子？（调皮蛋、刁难、耍赖、可爱）

6.姥姥"熟能生巧"的本领是怎么练就的呀？

（1）指名读"数九隆冬剪，三伏盛夏剪，日光下剪，月光下剪，灯光下剪，甚至摸黑剪"。

　——写给平凡的教师岁月

（2）合作组朗读。

（3）男生、女生合作朗读。

（4）师再次引读，男女生轮流接读。速度越来越快。

7.看来同学们基本练就了熟能生巧的本领。是呀，那剪刀声如此悦耳至极，"我"怎么不会发出这样的感叹：无论何时，无论何地，只要忆及那悦耳至极的剪纸声，我的心境与梦境就立刻变得——有声有色。（指点板书上的"有声有色"）

（线索）：只要忆及那清清爽爽的剪纸声，"我"就会立刻回想起姥姥剪《牛和兔子》窗花的事。

（牵作者的情）：（1）（出示幻灯）："密云多雨的盛夏，姥姥怕我溜到河里游泳出危险，便用剪纸把我拴在屋檐下。"请同学们自由读这句话，体会作者的心情。

（2）生自由地读。这看似平淡的一句话，其中有一个字却用得很传神，你认为是哪一个字？（拴）用什么拴住了什么？

从哪些句子的字里行间中看出我被姥姥的剪纸拴住了？指名读，要读得让我们真的有身临其境的感觉。

这段话中，哪些剪纸拴住了我？（出示幻灯：牛兔主题剪纸）

师：从众多牛兔主题窗花中，我们深切地感受到，兔子总是在玩耍，老牛总是在干活，我就是那调皮可爱的兔子，而奶奶不正是那勤劳、敦厚的老牛吗？

你还从哪个句子的字里行间中看出我已被姥姥的剪纸牢牢拴住了？

"从那时候起……对活泼的兔子与敦厚的老牛充满了好感。"

这段话中，哪一个字眼强烈地表达了"我"被牢牢地剪纸拴住了？（缠）

怎么缠的？可能有哪些动作，说了哪些话？请同桌相互演一演。

8.是呀，姥姥那神奇的剪纸，牢牢地拴住了上学前的"我"。"我"由衷地发出了这样的感叹：无论何时，无论何地，只要忆及那悦耳至极的剪纸声，我的心境与梦境就立刻变得——有声有色。（师指点板书上的"有声有色"）

（线索）：无论何时，无论何地，只要忆及那清清爽爽的剪纸声，我的心境与梦境就立刻变得有声有色。

我们来齐读这段有声有色的文字（课文最后一段）。

姥姥的剪纸拴了"我"多久？还将拴"我"多久，还能拴"我"多久？如果说童年时拴住的是我的身体，那么到现在拴住的其实是我的什么？（教师板书：心梦）

师：是啊，连接我与故乡的是那弯弯的山路、四季的田野，连接我与姥姥的是那最美的窗花、童年的故事，姥姥的剪纸将成为我心中最美的梦！同学们，你认为姥姥的剪纸拴住的是一颗什么之心？（是呀，思念之心、依恋之心、怀旧之心、感恩之心、回归之心统统被姥姥的剪纸拴住了。）

能把作者这种情感带到这段话的朗读中去吗？（指名读）

让我们饱含真情地齐读这段话。

三、情归一处（总结）

多么深情的话语啊！你读懂了"我"的那颗心，你沉浸于作者的那个梦。

——写给平凡的教师岁月

师（朗读）：当时，我也动过要学剪纸的心思，可惜我当时有其他的事，后来也离开了家乡，远离了姥姥，远离了他美丽的剪纸。直到前年春节家里通知说姥姥病危，我才匆匆赶回家里，看到了一别三年的姥姥，此时她已被穿上了送老衣，很怪异地躺在当门的床上。我当时就傻了，我知道只有去世的人才会躺在那儿。我不顾一切地去看，我看到了一张有点浮肿的脸，再试试鼻息，姥姥还活着，我哇的一声哭了。我的姥姥还活着，我上学时起早贪黑给我做饭的姥姥还活着……

孩子们，我们的爷爷、奶奶、爸爸、妈妈，还有许许多多的亲人正如文中的姥姥一样，每天洗衣、做饭……为我们默默劳作着，这些都值得我们去回忆和感恩。

孩子们，记住这篇课文，记住这位老人家，更要记得感恩。感谢亲人，感谢命运，感谢生活……

板书设计：

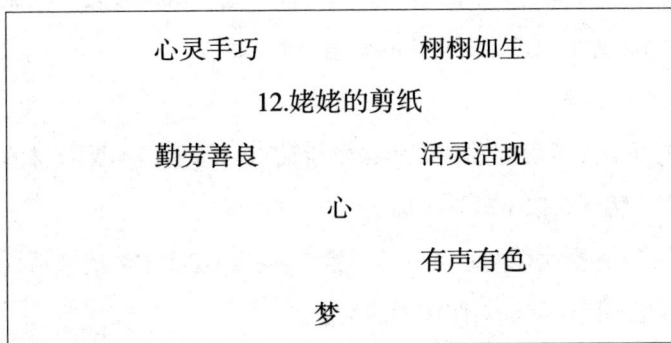

心灵手巧　　　　栩栩如生
12.姥姥的剪纸
勤劳善良　　　　活灵活现
心
有声有色
梦

2.说课稿

一、说教材

1.教材分析

《姥姥的剪纸》是苏教版第十一册第四单元的第一篇课文，主要描述了作者"我"有一位剪纸技艺高超的姥姥。说她普通，她实在又不普通，一手高超的剪纸技艺，让所有的人都赞不绝口。姥姥手里的剪纸会说话，会传情，永远牵动着"我"的心，让祖孙有了太多的回忆与快乐；说她不普通，她实在又太普通，每天洗衣、择菜、淘米、喂猪，与所有的姥姥一样，朴实平凡，日夜操劳，与外孙相濡以沫，有着浓得化不开的亲情。全文总共 13 个自然段，可以分为三部分。其中"剪纸"是贯穿全文的线索，也是情感的载体。沿着这条主线，就可以披文入情，走进姥姥与作者的内心情感世界，整篇课文语言优美，情感饱满，通过动情地读就可以感受到姥姥对"我"的深情及"我"对姥姥的思念。

2.教学目标

依据语文课程标准，高年级学生的认知特点，本课教材的训练重难点，特制订以下教学目标：

（1）感受姥姥的心灵手巧、勤劳善良和对我浓浓的亲情，感悟作者字里行间流露的对姥姥的深情思念。

（2）联系上下文并结合自己的生活，理解"熟能生巧，总剪，手都有准头了"这句话的含义。

锁定上述目标做到对以下三个方面的有效渗透：

①在知识能力方面，让学生能自读自悟，从字里行间感受到姥姥的心灵手巧，勤劳善良，及对我的浓浓亲情和我对姥姥的深情思念。同时，让学生学会联系上下文并结合自己的生活，理解句子。

②在过程方法方面，让学生学会默读，训练默读速度，初步掌握边读边想边批注自己感悟的学习方法，培养学生在交流讨论中能够敢于表达自己的见解，并会补充完善自己见解的能力。

③情感态度价值观方面，让学生学会捕捉爱、学会感恩。

3.教学重难点

教学重点：让学生能从文字中读出姥姥的心灵手巧、勤劳善良，及对我浓浓的亲情，能从文章的字里行间感悟到作者流露的对姥姥的思念，从而让学生学会用文字表达内心的情感。

教学难点：让学生学会联系上下文或者结合自己的生活理解一些重点句子。

二、说教法、学法

结合新课程理念，现阶段小学高年级语文学习中以读为本的出发点及本文语言优美、情感饱满的特点，这节课采用导读法、谈话法，在课前引导学生进行有目的的预习，在课上引导学生读、悟、交流、理解，从而体会出作者所要表达的内容、情感。

在学法方面注重培养学生正确的预习方法，学会通过画、读、悟、批、谈，从而正确全面地理解课文，体会作者的思想感情。做到与文本与作者进行对话的一系列方法的渗透。

三、说教学程序

根据本课教材特点及制定的目标要求，在教学中安排了以下几个教学环节：一、观赏剪纸，导入教学；二、研读课文，体会姥姥的特点，体味祖孙情深；三、总结课文，传递恩情。

第一环节：播放剪纸的图片，导入：通过上节课的学习，我们知道姥姥剪纸技艺高超，这节课就让我们跟随作者再次走进姥姥的剪纸，去认识这位可亲可敬的姥姥，重温那浓浓的祖孙亲情。

意图：俗话说，兴趣是最好的老师，只有激发了兴趣，才能挑起学生心中那颗想学的心。通过图片再现情景，让学生从剪纸图片中感受到剪纸人精湛的技艺，由此与文本产生情感共鸣，自然而然地走进文本。

第二环节：精读感悟，感受人物形象。让学生默读课文1-6自然段，找找、画画、看看，你从课文中认识了一位怎样的姥姥？并在旁边作上批注。

意图：这一步让学生默读、勾画、批注，目的只有一个，就是让学生明白读书的要求，进入边读书边思考的境界。同时，自主阅读，也是一个自主探究的过程，是与人交流的基础。在全体交流时，遵循读句子——谈感悟——有感情地朗读这样的步骤进行，以读贯穿始终，仍然重视对学生朗读的指导。

在难点方面，进行巧妙地引导，从而降低难度，让学生做到浅入深出，层层剥皮的方法，从而彻底理解。如在教学"熟能生巧，总剪，手都有准头了"这句话时，就先让学生说"熟能生巧"和"总剪"的意思，然后在文中找具体阐述总剪的句段，通过读，达到悟，达到理解。之后，又让学生结合自身实际再谈，谈后再读，再往深里悟，姥姥这句话还告诉我们什么，学生自然就能说出，做事，要勤练，要持之以恒，要有毅力，有耐心等。

在这一环节中，还注意训练让学生品字析词，如"拴""缠""摆弄"等做到由字、词悟句意。

在学生读句子，谈理解中，还穿插些拓展型的小练习，让语文课堂充满趣味性，同时渗透仿写练习，及学生概括能力的练习。如在乡亲们啧啧赞叹姥姥的剪纸动物类时，让学生夸夸植物等其他剪纸类。既进行仿写练习，也活跃课堂气氛。在理解第 13 小节时，我又设计了给那幅剪纸取名字的小环节，让学生通过动脑思考取名，加深对这几句话的理解，同时培养概括能力。

第三环节：教学总结

结合现在学生家庭条件优越，只会享受、索取而不会爱他人，不会感恩的这一特性，在这里进行引导教育，让他们学会捕捉周围人对他们的关爱、呵护，从而懂得回报，感恩，从而结束全文。

四、说说板书设计

12.姥姥的剪纸

剪纸：栩栩如生　　　活灵活现

姥姥：心灵手巧　　　勤劳善良

3.教学反思

《姥姥的剪纸》这篇课文采用第一人称，叙写了姥姥心灵手巧，剪纸技艺精湛，围绕《喜鹊登枝》和《老牛兔子》的剪纸展开"我"和姥姥之间动情有趣的故事，表现了"我"对姥姥的深切怀念之情。

教学时以"只要忆及"为线，贯穿整篇文章走势，以"线"来讲，以"线"牵着学生的情，批文入境，收到了较好的效果。教学初始以作者的心情来读悟文章，接下来引导学生入情入境，最后归拢到浓浓的祖孙情来读来悟，读到姥姥的情，悟出亲人的爱。

时下的教学中的确是书声琅琅，热闹非凡。读，成了学生学和教师教的最主要手段。相对于串讲串问、烦琐分析而言，在对母语教育规律的把握上，这的确是长足的进步。然而，教学中让学生反复读、自由读、齐读、挑战读、表演读……读得花样很多，读了一遍又一遍，可读来读去还停留在理清情节、模仿人物语气的层面上，学生并没有多少"新"得、进步。

为何而读？当然为引导学生正确地理解和运用祖国的语言而读，为培养语感、丰富语言积累而读，为能力提高、思维启迪、情感熏陶而读，一句话，为《语文课程标准》要求的"学生语文素养的形式与发展"而读。既然有这样的目的，自然不能只追求读的数量，而更应讲究读的质量。要针对学情，针对具体课文，读有目标，读有指导，落到实处。

教学过程中，紧紧抓住"姥姥的剪纸惟妙惟肖、栩栩如生，姥姥心灵手巧、勤劳善良"这条线索，带领学生走进姥姥与作者的内心情感世界，通过引导学生理解"熟能生巧，总剪，手都有准头了"这句话的深刻含义，从中感悟姥姥的话是经验之谈，做什么事都要有恒心，有毅力，勤练不止！姥姥为什么如此熟练，下面的"总剪"二字揭晓谜底，因为老是不断地剪，岂能不熟练？手都有准头了，因为总剪，再熟练不过了，日久天长，剪起来就心中有数，从哪儿开始，到哪儿结束，要注意什么，剪起来才能得心应手，岂不是有了准头了。这样循序渐进的教学，学生很容易明白。

在教学过程中，学生的说话练习还需老师进一步引导，让学生列举生活中的人和事，也像姥姥剪纸那样，因为不断地练习，反复地实践，达到熟能生巧、出神入化的地步，《姥姥的剪纸》为我们描述了作者有一位剪纸技艺高超的姥姥。她手里的剪纸会说话，会传情，永远牵动着作者的心，让祖孙有了太多的回忆与快乐。整篇课文语言优美，情感饱满。"剪纸"一词既是贯穿全文的线索，也是情感变化和流露的载体。抓住这条主线，就能走进姥姥与作者的情感世界。

在教学过程中，前面部分各环节之间的衔接还是比较顺畅，朗读的训练也比较到位，能基本达成本课时的教学目标。在导入时，笔者将几张剪纸展示给学生们看，漂亮的剪纸激起了学生的兴趣，活跃了课堂气氛。在了解姥姥剪纸的段落里，通过让学生寻找并反复朗读描述姥姥剪纸的语句，体会姥姥剪纸的高超技艺，例如"要什么就有什么了……无所不能""你姥姥神了……公鸡能打鸣"。而且还让学生模仿邻居的语气来称赞姥姥的其他剪纸，同时还出示几幅植物、人物的剪纸图，同学们看了图片以后，来了学习的兴趣："你姥姥神了，剪丝瓜像丝瓜，剪葫芦像葫芦，剪个西瓜水灵灵，剪朵梅花能飘香。""姥姥神了，剪男孩像男孩，剪老人像老人，剪个婴儿哇哇叫，剪个演员会唱歌。"

姥姥为什么会有如此高超的本领呢，文章通过"熟能生巧，总剪，手都有准头了"，"数九隆冬剪，三伏盛夏剪，日光下剪，月光下剪，灯光下剪，甚至摸黑剪"。对这两句话的理解，从中感悟姥姥的话是经验之谈，做什么事都要有恒心，有毅力，勤练不止！姥姥为什么如此熟练，下面的"总剪"二字透露端倪，因为老是不断地剪，岂能不熟练？手都有准头了，因为总剪，再熟练不过了，日久天长，剪起来就心中有数，从哪儿开始，到哪儿结束，要注意什么，剪起来才能得心应手，岂不是有了准头了。这样循序渐进的教学，学生很容易明白。

然而，整篇课文要表达的不光是姥姥剪纸技艺的高超，更是祖孙之间那份浓浓的亲情。笔者先让学生找出牛兔剪纸图，并给牛兔图起个名字，想想它们有什么特点，体会到在实际生活中姥姥的勤劳，作者的贪玩。通过课文的学习，不仅仅是让学生欣赏到姥姥栩栩如生的剪纸艺术，更是让学生体会到亲人的关爱，永远心存一份感激，并把这份情传递给身边所有的人。

在教学最后一个自然段时，设计个小练笔："无论何时，无论何地，只要忆及那清清爽爽的剪纸声，我的心境与梦境就立刻变得有声有色。我仿佛听到了_____，又仿佛看到了_____。"抓住"有声有色"，让学生体会到姥姥的剪纸深入我心，深入我梦，体会出"我"对美好童年生活的回忆，对姥姥的思念与依恋之情。

跋涉

牟作林

我是一个土生土长的西固人，一个西固教育培养起来的小学教师。

我的幼年是在母亲的呵护中，伴着姐姐们的歌声和听不懂的故事度过的。童年是和弟弟背着母亲自制的款式一样的布书包上学、放学，听着孙敬修先生的《小喇叭》节目成长的。学校的老师对我们小哥俩非常好，一样懂事，一样好学，童年便在不停地夸奖中和无尽的幻想中长大了。父亲在我读初中时因病早早离开了我们，走进中学时代的我们开始懂得母亲的良苦用心，我们互帮互学，省吃俭用，习题本我用铅笔练完弟弟擦了练二遍，那时没有什么娱乐，家里添了一台别人家用过的黑白电视机，对我们兄弟俩吸引力不大，我们约定努力学习，快快长大，减轻母亲负担。

后来，我们一起入团，一起走进师范；再后来，我们一起毕业，一起参加工作，一起约定对得起这份工作，一起努力进取贴补家用，一起成为市级教学新秀，一起成为省级骨干教师，一起成为高级教师……讲台上，生活中，青春赋予我们百倍的豪情、坚忍的意志、丰富的想象力和无穷的成长力量。

《墨子》曰："资之深，则取之左右逢其源。"作为一名小学教师，面对当前不断深入的教育改革，瞬息多变的课堂局面，武装自己势在必行。岁月不居，时光如流，讲台生涯30多年，曾经的彷徨迟疑，不知所措，其中的酸甜苦辣、喜怒哀愁非三言两语能够说得清。随将零碎的光阴梳理沉淀，带着朴素的情怀，以白纸黑字的模样安静地来到平凡的日子里。静静地流淌成林间一条无名的小河、层叠成山间墨一样的梯田，恰如那个朴素的名字——《耕耘》

　　《读史寻踪》，站在昨天与未来之间，用历史的观点，客观的思维，谨慎的态度，饱蘸情感的笔墨将史料性的文字搜集整理在一起，讲述一段开拓创业的奋斗史。一段段故事，一组组数据，西固教育展示给西固人民的是黄河一样奔流不息、开放包容的教育精神。

　　《教育专访》，用朴实的语言，真实的感悟，娓娓讲述那些为西固教育呕心沥血的教育者，将西固教育前辈的昨天凝练成爱的旋律，缓缓流淌在平凡的岁月里，是史更是诗。他们披星戴月，不畏辛劳，砥砺前行，把优秀的理念根植在西固教育的土壤里，是他们的无声成就了西固教育的沸腾。是颂扬，更是激励。

　　《教育心声》，是一颗种子在心底里30多年萌发出来的枝丫。时光、银发、讲台、粉笔、操场、孩子……一切最终都化成了坚定的步伐。一花一世界，一叶一菩提，青春的步伐虽已渐行渐远，但为平凡教师岁月的歌唱已成为永恒的旋律。于是，或深或浅，或远或近的文字就这样在我们不知疲倦的日子里款款而来。

　　辑文成书，把文字变成一颗颗沙砾，铺就在跋涉的生活之路上。沙砾上留下一串串歪歪扭扭的脚印，那是教师岁月里最好的印迹。

成书过程得到社会各界领导和同行师友的热情帮助,在此,对严谨求实、追求卓越的敦煌文艺出版社致敬!对给予热情指导和无私帮助的中共甘肃省委讲师团成员、著名文化学者、作家、兰州外语职业学院副院长何华先生,金城文化名家、作家、评论家赵武明先生和兰州日报全媒体记者、驻西固区记者站站长董永前先生表示衷心感谢!

生命不仅是一种时间的长度,更是一次灵魂的远行。远行途中,我们会路过迷茫,路过欣喜,路过青春,路过银发,无论如何,那都是我们走过的,独属于自己的教育人生。这段岁月沉淀了我们。怀揣着最初走入风雨的信念,坚守着有梦的远方,相信你和我一样,认真着人生中的每段路。

一个人的生命是短暂的,一位老师的教学历程更是转瞬即逝。登山观景,只有跋涉、攀登,才能抵达顶峰。一路花香的陪伴是对心灵的慰藉,风雨兼程的跋涉是对精神的滋养,成全的是今生的无悔无怨!